나는 이렇게 믿습니다

나는 이렇게 믿습니다
© 생명의말씀사 2025

2025년 7월 25일 1판 1쇄 발행

펴낸이 | 김창영
펴낸곳 | 생명의말씀사

등록 | 1962. 1. 10. No.300-1962-1
주소 | 서울시 종로구 경희궁1길 6 (03176)
전화 | 02)738-6555(본사) · 02)3159-7979(영업)
팩스 | 02)739-3824(본사) · 080-022-8585(영업)

지은이 | 이정현

기획편집 | 김자윤
디자인 | 이규리
인쇄 | 영진문원
제본 | 보경문화사

ISBN 978-89-04-16925-2 (03230)

저작권자의 허락 없이 이 책의 일부 또는 전체를
무단 복제, 전재, 발췌하면 저작권법에 의해 처벌을 받습니다.

쉽고 아름다운 사도신경 강해

나는 이렇게 믿습니다

이정현

생명의말씀사

● 목차

추천사 8
들어가는 글 12

제1장
전능하신 창조주 하나님을 믿습니다(창 17:1, 1:1) 16

제2장
유일하신 아들 우리 주 예수 그리스도를 믿습니다(마 1:21, 막 1:1) 36

제3장
성령으로 잉태되어 동정녀 마리아에게 나심을 믿습니다(마 1:18-20) 54

제4장
본디오 빌라도에게 고난을 받으심을 믿습니다(요 19:12-16) 72

제5장
죽은 자 가운데서 다시 살아나심을 믿습니다(고전 15:12-19) 90

제6장
하늘에 오르셔서 하나님 우편에 계심을 믿습니다(엡 1:20-22) 108

제7장
심판하러 오시는 예수님을 믿습니다(살전 4:15-18) **124**

제8장
성령을 믿습니다(요 14:16-18) **142**

제9장
거룩한 공회와 성도가 교통하는 것을 믿습니다(엡 2:20-22) **160**

제10장
죄 용서를 믿습니다(롬 8:1-2, 엡 4:31-32) **178**

제11장
몸의 부활을 믿습니다(고전 15:42-44) **198**

제12장
영생을 믿습니다(계 22:1-5) **216**

나가는 글   234
주   238
참고 도서   238

사도신경 (개역개정)

전능하사 천지를 만드신 하나님 아버지를 내가 믿사오며,
그 외아들 우리 주 예수 그리스도를 믿사오니,
이는 성령으로 잉태하사 동정녀 마리아에게 나시고,
본디오 빌라도에게 고난을 받으사,
십자가에 못 박혀 죽으시고,
장사한 지 사흘 만에 죽은 자 가운데서 다시 살아나시며,
하늘에 오르사, 전능하신 하나님 우편에 앉아 계시다가,
저리로서 산 자와 죽은 자를 심판하러 오시리라.
성령을 믿사오며, 거룩한 공회와, 성도가 서로 교통하는 것과,
죄를 사하여 주시는 것과, 몸이 다시 사는 것과,
영원히 사는 것을 믿사옵나이다. 아멘.

사도신경 (새번역)

나는 전능하신 아버지 하나님, 천지의 창조주를 믿습니다.
나는 그의 유일하신 아들, 우리 주 예수 그리스도를 믿습니다.
그는 성령으로 잉태되어 동정녀 마리아에게서 나시고,
본디오 빌라도에게 고난을 받아 십자가에 못 박혀 죽으시고,
장사된 지 사흘 만에 죽은 자 가운데서 다시 살아나셨으며,
하늘에 오르시어 전능하신 아버지 하나님 우편에 앉아 계시다가,
거기로부터 살아 있는 자와 죽은 자를 심판하러 오십니다.
나는 성령을 믿으며, 거룩한 공교회와 성도의 교제와
죄를 용서받는 것과 몸의 부활과 영생을 믿습니다. 아멘.

● 추천사

어떤 근거에서 신앙이 좋다는 표현이 가능할까요? 저자는 사도신경에서 우리가 믿는 것이 무엇인지를 설명합니다. 목회라는 현장에서 그 필요가 느껴졌기에 이 책의 출생 자체가 현실적입니다. 막연했던 신앙에 관한 내용이 잘 정리가 된 책입니다. 먼저 목회 현장에 있는 분들에게 필독을 권합니다. 수용자 중심이라 더욱 그렇습니다. 제가 아는 이정현 목사는 쉴 줄 모르는 사람입니다. 어디서 이런 에너지가 나오는지 모르겠습니다. 아니, 사실 부럽습니다. 이 책에서도 그의 열정과 에너지가 고스란히 느껴집니다. 참 닮고 싶은 목회자입니다. 책을 읽는 내내 드는 생각입니다.

강은도 | 더푸른교회 담임목사

매주 예배 가운데 암송하며, 성경 앞표지 바로 뒤에 실려 우리 입과 눈에 익숙한 고백이 사도신경입니다. 이 신경에는 우리가 믿는 삼위일체 하나님에 관하여, 기독교 교리와 복음의 핵심이 고스란히 담겨 있습니다. 이는 성경 말씀과 오랜 시간을 통해 검증받은, 모든 성도의 가슴에 새겨져야 할 신앙의 본질입니다. 하지만 이런 익숙함과 확실함이 우리의 능숙함을 보장하지는 않습니다. 든든한 교리적 토대 위에서 복음이 우리 삶에 젖어들기 위해서는 사도신경을 깊이 이해하고 실천할 필요가 있습니다.
이정현 목사님이 쓰신 『나는 이렇게 믿습니다』는 이런 측면에서 시쳇말로

"핏"(fit)이 너무 좋은 설교문입니다. 이 책은 시대적 정황을 고려한 불변의 교리에 대한 정확한 설명, 교리를 뒷받침하는 성경의 근거들, 어른과 아이 모두의 마음에 와닿는 삶의 예화를 담고 있습니다. 무엇보다 신앙의 든든한 기초를 다지며 신앙 성장을 이끄는 실천적 적용이 풍부합니다. 익숙한 입과 눈에서 이제는 머리, 가슴, 손발로 이어지는 우리 삶의 고백으로서의 사도신경이 되도록, 새가족반이나 소그룹 인도, 교리나 주제적 설교를 준비하는 모든 사역자와 성도에게 매우 실제적인 가이드가 될 것입니다.

김대혁 | 총신대학교 신학과 신학대학원 설교학 교수

타성에 젖어 습관대로 하는 것만큼 의미 없는 일이 없습니다. 예배 순서 중 늘 앞자리를 차지하고 있는 '사도신경 고백' 시간도 마찬가지입니다. 사도신경 이곳저곳에 낱낱이 서려 있는 기독교 핵심 진리는 전혀 염두에 두지 않은 채, 습관대로 중얼중얼 기계처럼 사도신경을 암송하는 모습이 바로 우리의 모습입니다. 이런 모습을 효과적으로 변혁시킬 귀한 책이 탄생했습니다. 저자 이정현 목사님은 6년 차 담임 목회자답게 성도들의 눈높이에서 사도신경의 핵심 가르침을 설교 형식으로 유려하게 녹여내고 있으며, 기독교 교육학자답게 우리가 마땅히 믿어야 할 바를 기독교 교육학적으로도 정확히 잘 풀어내고 있고, 청소년 사역 전문가답게 쉽고도 접근성

높은 필치로 기독교 신앙의 핵심을 독자들에게 직접 떠먹여주고 있습니다. '믿음'은 '아는 것'입니다. 알아야 믿지, 알지 못하면 믿을 수 없기 때문입니다. 『나는 이렇게 믿습니다』가 신자라면 '마땅히 알고 고백해야 할 진리'를 친절하게 알려줄 것입니다. 읽지 않을 이유를 도무지 찾기 불가능한 책의 일독을 신자 모두에게 강력히 요청하는 바입니다.

박재은 | 총신대학교 신학과 조직신학 교수, 「쉬운 교리」 저자

신앙은 믿음의 고백입니다. 성경은 믿음이 없이는 하나님을 기쁘시게 할 수 없다고 말씀합니다. 무엇을 믿는지 그리고 고백하는지 저자는 성도들과 깊은 관계 속에서 신앙 고백을 자세하게 설명합니다. 매일 고백하는 사도신경을 다시 한번 묵상하며 믿음의 확고함이 든든해지시길 축복합니다. 언제나 따뜻하고 분명한 글로 쉽게 말씀을 풀어주는 저자의 노고에 항상 마음 담은 응원을 보냅니다. 사도신경을 고백할 때마다 더 큰 은혜를 누리시길 바랍니다.

홍민기 | 목사, 라이트하우스무브먼트 대표, 브리지임팩트사역원 이사장

● 들어가는 글

사도신경, 기독교 신앙의 정수를 설교하다

어느덧 6년 차 담임 목회를 하고 있습니다. 목회를 하면서 가장 신기한 것은 전도되어 교회로 오는 새가족이었습니다. 평생 한 번도 교회를 다녀보지 않았던 분들이 공원 전도 등을 통해 교회에 와서 매주 예배를 빠지지도 않고 잘 드렸기 때문입니다. 평생 불교를 믿고 살아온 분도 한순간에 예수를 믿고 교회에 잘 출석하고 계셨습니다.

그러나 새가족들이 서서히 늘어나면서 문득 이런 생각이 들었습니다. '이분들은 예배가 좋다고 하는데, 과연 예배를 이해하면서 참여하고 있는 걸까? 설교 말씀은 과연 몇 퍼센트나 들릴까? 교회에서 새가족 교육을 하긴 하지만, 이후에는 이분들의 신앙의 토대를 어떻게 세워가야 할까?' 그래서 고민 끝에 기독교 신앙의 가장 기본이라고 할 수 있는 사도신경을 매주 설교하기로 했습니다. 이렇게 하면 교회에 처음 오신 새가족들의 신앙 형성에 도움이 될 것이라는 생각이 들었습니다. 새가족들의 신앙 기초를 위해서 사도신경 설교를 결심한 것입니다.

또한 우리 교회에서는 매주 목요일마다 확신반, 성장반, 사역반

양육 과정을 진행하는데, 이 양육 과정은 나름 강도가 세서 누구나 들어오기가 쉽지 않습니다. 그래서 나름 준비가 된 기존 성도들이 참여합니다. 그런데 열심히 4기 수료생까지 배출하고 보니, 생각보다 한국 교회 성도들이 기독교 교리에 대한 지식이 얕다는 것을 알게 되었습니다. 모태 신앙으로 교회를 50년, 60년을 다녀도 기독교 교리가 무엇인지 잘 모르는 경우가 꽤 많았습니다. 이런 상황을 보면서 사도신경 설교는 기존 교인들의 신앙 형성에도 큰 도움이 될 것이라는 확신이 들었습니다. 새가족뿐만 아니라 기존 성도들의 신앙 기본기 완성을 위해서도 사도신경 설교가 필요하다고 생각하게 되었습니다.

결국 사도신경 강해 설교를 해보니, 새가족이나 기성 성도들 모두에게 큰 도움이 되었습니다. 여기서 짚고 넘어가야 할 것은, 설교하는 저 자신에게도 많은 도움이 되었다는 사실입니다. 저 역시 어렸을 때 사도신경을 외워 예배 시간마다 수도 없이 그것을 암송하면서 살아왔지만, 사도신경 안에 나타난 기독교 교리 가운데 몰랐던 부분이 있었음을 알게 되었습니다. 큰 공부를 한 셈입니다.

사도신경에는 '나는 믿습니다'가 열두 번 나옵니다. 즉 우리가 믿는 신앙의 핵심을 열두 개로 간추려 놓은 것입니다. 사도신경은 복음의 핵심을 말해 주며 기독교 교리의 진수를 전달해 줍니다. 손재익 목사님은 『사도신경, 12문장에 담긴 기독교 신앙』에서 사도신경의 가치를 다섯가지로 설명했습니다.

1) 사도신경은 기독교 교리를 가장 잘 요약한 신조다.
2) 사도신경은 가장 오래된 신조다.
3) 사도신경은 이 땅에 존재하는 대부분의 기독교회가 고백하는 신조다.
4) 사도신경은 모든 신앙고백과 요리문답의 기초가 된다.
5) 사도신경은 어린아이부터 노인에 이르기까지, 배운 사람에서부터 배우지 못한 사람까지 모두 알기 쉽다.

사도신경의 값어치는 우리가 생각하는 것 이상입니다.

그간 열두 번의 주일에 걸쳐 사도신경 설교를 했습니다. 사도신경 자체가 교리이기에 여러 가지 자료를 참고하면서 성도분들에게 가장 적합한 내용으로 재구성했습니다. 설교란 것이 어떠한 것입니까? 들을 때는 잘 이해되고 은혜가 되는 것 같지만, 막상 시간이 지나면 금방 잊어버리는 것입니다. 사도신경은 그렇게 흘려보내기가 싫었습니다. 성도들로 하여금 다시 한번 활자로 보게 하고, 그들의 마음 판에 새기게 하고 싶었습니다. 사도신경 설교를 하면 할수록 사도신경의 중요성을 더 크게 깨닫게 되었습니다.

그래서 사도신경을 설교한 원고를 제본해서 우리 교인들에게 나눠 주기로 결정했습니다. 그리고 이 소식을 SNS에 올렸더니, 예상치 못한 폭발적인 반응을 만나게 되었습니다. 수많은 목회자들이 그 자료를 자기들에게도 판매하라는 것이었습니다. 개별 연락을 받은 것만 약 200건이나 됩니다. 심지어 교회로 전화가 오는 등 교역자들과 직원들이 때아닌 고생을 하고 저도 며칠간 제 사역을 못할 정도였습니다. 사도신경에 대해서 갈급해하는 교역자들과 평신도들이 생각보다 많다는 것을 이때 깨달았습니다. 그래서 생명의말씀사 편집부에 문의를 했더니, 감사하게도 선뜻 출간에 응해 주셨습니다.

이렇듯 처음부터 책으로 만들려고 준비한 원고가 아니었습니다. 전혀 계획에 없었던 출간이 이뤄지게 된 것입니다. 하나님이 이 책이 세상에 필요하고, 교회와 교인들에게 꼭 필요하니 나오게 하신 것이라고 믿습니다.

우선은 울퉁불퉁한 설교 초안을 여러 차례 읽으면서 수정해 준 청암교회 김서연, 최희진 자매님과 총신신대원 김지훈, 김하영 전도사님께 감사 말씀을 드립니다.

이 책은 설교를 베이스로 하고 있기 때문에 목회자들뿐 아니라 평신도 누구라도 쉽게 소화할 수 있다고 봅니다. 이 책을 통해서 사도신경이 예배 시간에 무심코 암송하고 넘어가는 것이 아닌, 여러분 신앙의 근간을 이루는 제대로 된 신앙고백이 되었으면 좋겠습니다.

제1장

전능하신 창조주
하나님을 믿습니다

(창 17:1, 창 1:1)

아브람이 구십구 세 때에 여호와께서 아브람에게 나타나서
그에게 이르시되 나는 전능한 하나님이라
너는 내 앞에서 행하여 완전하라(창 17:1).
태초에 하나님이 천지를 창조하시니라(창 1:1).

수능일이 되면 우리나라의 종교는 간절함 아래 모두 통합됩니다. 이날 모든 종교에서 각자 신을 찾지만 기도 내용은 비슷합니다. '신이시여, 우리 아이 시험 잘 보게 해주세요.'

실제로 수능 당일 유튜브에 '수능 기도회'를 검색하면 진풍경을 볼 수 있습니다. 많은 교회가 실시간으로 기도회를 하는 것은 물론, 천주교, 불교, 심지어 무속인들도 동시에 기도하고 있습니다. 이 모습은 무엇을 말해 줄까요? 우리 모두에게는 믿음이 있다는 것입니다. 종교를 떠나서 모든 사람에게는 다 믿음이 있습니다. 심지어 무교인 사람에게도 나름의 믿음이 있습니다.

그렇다면 우리의 믿음과 다른 종교인들의 믿음에는 어떤 차이가 있을까요? 이 차이를 알고 신앙생활을 하는 것이 무척 중요합니다. 생각보다 많은 그리스도인이 이 차이를 모르고 있습니다. 그냥 '힘들면 기도하고, 어려우면 신을 찾고, 그러면 복 주신다. 함께하신다.' 정도입니다. 이는 결국 우리가 무엇을 믿는지도 제대로 모른 채 신앙생활을 하는 심각한 문제로 연결될 수 있습니다.

'우리 기독교는 무엇을 믿고 있는가?'
'우리의 신앙은 과연 무엇을 믿는 것인가?'

이것이 사도신경 설교를 하게 된 이유이자, 이 책을 쓰게 된 이유입니다. 사도신경을 다시 한번 소리 내어 읽어 보겠습니다.

전능하사 천지를 만드신 하나님 아버지를 내가 믿사오며,
그 외아들 우리 주 예수 그리스도를 믿사오니,
이는 성령으로 잉태하사 동정녀 마리아에게 나시고,
본디오 빌라도에게 고난을 받으사, 십자가에 못 박혀 죽으시고,
장사한 지 사흘 만에 죽은 자 가운데서 다시 살아나시며,
하늘에 오르사, 전능하신 하나님 우편에 앉아 계시다가,
저리로서 산 자와 죽은 자를 심판하러 오시리라.
성령을 믿사오며, 거룩한 공회와, 성도가 서로 교통하는 것과,
죄를 사하여 주시는 것과, 몸이 다시 사는 것과,
영원히 사는 것을 믿사옵나이다. 아멘.

1. 사도신경은 무엇인가?

사도신경은 라틴어로 '*Symbolum Apostolicum*'이고, 영어로는

'The Apostles Creed'라고 합니다. apostles은 사도들이고, creed는 교리, 신념, 신조를 의미하는데 라틴어로 '믿다'라는 뜻의 '크레도'(credo)가 어원입니다. 그래서 쉽게 설명하면 '사도들의 교리', '사도들의 신앙고백'이라고 표현할 수 있습니다. 사도신경과 관련해서 몇 가지 중요한 내용들이 있습니다.

팩트 확인: '정말 사도들이 만들었을까?'

우선 알아야 할 중요한 내용 하나는 사도신경의 저자가 누구냐는 것입니다. '사도'신경이라는 이름 때문에 보통 사람들은 예수님의 열두 사도들이 직접 쓴 것으로 생각합니다. 실제로 A.D. 404년에 티라니우스 루피누스(Tyrannius Rufinus)는 사도신경 주석서를 기술하면서 사도신경의 '믿는다'라는 조항 열두 개를 사도들이 하나씩 말했다고 주장합니다. 예를 들어, 베드로가 "나는 전능하신 천지의 창조주 하나님 아버지를 믿습니다"라고 하면 안드레가 "나는 예수 그리스도 하나님의 아들 유일한 주를 믿습니다"를 말합니다. 다음으로 야고보가 "그는 성령에 의해 잉태되셨고 동정녀 마리아에게서 태어나셨습니다"라고 말합니다. 이런 식으로 열두 명의 사도들이 말한 것을 묶어 사도신경이 되었다는 것입니다.

하지만 이러한 주장에 대한 근거는 전혀 없습니다. 그저 상상이고 추측에 불과합니다. 확실하게 말할 수 있는 것은 사도신경을 사도들이 만들지 않았다는 것입니다.

그렇다면, 사도들이 만들지도 않았는데 왜 '사도'신경인가?

사도신경은 사도들이 만들지도 않았고 성경도 아닙니다. 그런데 왜 '사도'신경이라는 이름이 붙었을까요? 그것은 바로 그 내용이 '사도적'이기 때문입니다. 사도신경은 사도들이 성경에서 전한 복음과 그 내용이 일치합니다. 그래서 사도신경이 중요합니다.

사도신경의 시작은 언제인가?

지금의 사도신경과 가장 흡사한 것은 A.D. 150년경에 만들어진 로마신조입니다. 당시 교회 목사님들이 초신자들에게 기독교 교리를 가르치기 위해서 신앙고백서를 만들었습니다. 이때부터 교회는 누군가가 세례를 받고 정식 교인이 될 때 지금의 사도신경과 비슷한 신앙고백서로 고백을 하게 했습니다. 누구든지 신자가 되려면 사도신경을 공부하고 암기해야만 했습니다. 지금도 많은 교회에서 세례 교육 때 반드시 사도신경을 암송하게 합니다. 사도신경이 우리의 신앙과 믿음의 기본이 된 것은 꽤 오래전부터 진행된 것이죠.

지금으로부터 1,800여 년 전에 이미 만들어진 초기 형태의 사도신경은 종교회의를 거쳐 A.D. 710년경에 「텍스투스 리셉투스」(Textus Receptus)라는 문서에 확정되어 지금의 형태로 전파되고 있습니다.

사도신경이 가지는 의의는 무엇인가?

사도신경의 가장 큰 의의는 사도신경이 우리가 믿는 기독교 교리를 가장 잘 요약해 놓았고, 우리 신앙고백의 가장 기초가 되고 있다는 것입니다.

사도신경의 구성은 어떻게 되어 있나?

사도신경의 구성을 보면, 열두 개의 '나는 믿는다'라는 선포로 되어 있습니다. 그중 성부 하나님에 대한 믿음의 고백이 한 개, 성자 예수님에 대한 믿음의 고백이 여섯 개, 성령 하나님에 대한 믿음의 고백이 한 개, 교회와 성도에 대한 믿음의 고백이 네 개인 것을 볼 수 있습니다.

열두 개의 믿는다는 고백 가운데 첫 번째로, 성부 하나님에 대한 믿음의 고백이 있습니다. 사도신경에서 성부 하나님은 딱 두 가지로 정리가 됩니다. 성부 하나님을 어떻게 묘사할까요?

2. 전능하신 하나님

'전능하사 천지를 만드신'

조금 더 쉬운 말로 바꾸면, 사도신경은 **'전능하신 창조주 하나님을 믿습니다'**라고 시작됩니다. 여기서 사도신경은 우리가 믿는 하나님이 어떠한 분이신지 분명하게 말해 주고 있습니다. 전능하신 분이라는 것입니다. 앨버트 몰러(Albert Mohler)는 여기서 '전능하신'은 하나님의 완전하고 충만한 모든 속성을 나타낸다고 설명합니다. 전능하신 하나님을 히브리어로는 '엘 샤다이'(אֵל שַׁדַּי)라고 합니다. 엘 샤다이는 구약에 48회 나오는데, 가장 먼저 나오는 곳이 창세기 17장 1절입니다.

> 아브람이 구십구 세 때에 여호와께서 아브람에게 나타나서 그에게 이르시되 나는 전능한 하나님이라 너는 내 앞에서 행하여 완전하라(창 17:1).

먼저 이 말씀이 나온 배경을 살펴야 하는데요. 창세기 12장을 보면, 하나님이 아브라함의 나이 75세에 처음 등장하셔서 그를 축복하시고 그와 언약을 맺으셨습니다.

"너, 고향을 떠나 내가 지시할 곳으로 가라! 내가 너로 큰 민족을 이루게 하고 복의 근원으로 만들어주겠다!"

아브라함의 입장에서는 너무나도 황홀하고 감사한 하나님의 언약이었습니다. 그런데 웬걸, 24년이 지났는데도 약속이 성취가 안 되는 것입니다. 얼마나 황당합니까? 하나님이 여러분에게 어떤 약속을 하셨는데 1, 2년도 아니고 24년이 지나도록 아무 일이 없다면 그 약속을 믿겠습니까? 아브라함을 통해서 큰 민족을 이루겠다고 하셨는데, 큰 민족은 고사하고 아이 하나 못 낳고 있는데요. 그래서 아브라함에게 엄청난 믿음의 위기가 찾아왔습니다.

'무슨 하나님의 언약이냐? 아무런 역사도 없는데……'

그런데 아브라함의 나이 99세 때, 하나님의 약속에 대해 회의가 들려고 하는 바로 그 순간에 하나님이 다시 그를 찾아오셨습니다. 그 장면이 창세기 17장입니다.

"아브라함아, 나는 엘 샤다이다! 나는 전능한 하나님이다!"

하나님이 말씀하셨습니다. 첫 번째로 성경에 등장한, 하나님의 전능하심을 직접 표현하는 구절입니다.

살다 보면 우리의 믿음이 흔들릴 때가 참 많이 있습니다. 너무 힘든 일을 겪게 되면 '정말 하나님이 살아계시는 거야? 하나님이 우리가 믿는 진짜 신 맞아?'라는 회의감이 들기도 합니다. 극도의 고통을 겪게 되면 신앙이 송두리째 흔들리는 경우도 생깁니다.

지구상에서 가장 큰 고통을 당한 사람이 누구일까요? 저는 단연코 욥을 꼽습니다. 그 많던 재산이 다 없어지고, 자녀 열 명이 한꺼번에 죽고, 본인은 병에 걸렸습니다. 보통 누군가에게 이렇게 힘든 일이 있으면 우리는 그가 하나님을 저버릴 것이라고 생각합니다. 그런데 욥이 내린 결론이 무엇인 줄 아십니까?

주께서는 못 하실 일이 없사오며 무슨 계획이든지 못 이루실 것이 없는 줄 아오니 (욥 42:2).

욥기의 결론은 하나님은 전능하시다는 것입니다. 그래서 욥은 모든 고난을 겪은 다음에 이렇게 신앙고백을 합니다.

… 이제는 눈으로 주를 뵈옵나이다(욥 42:5).

진짜 믿음의 사람들은 어떠한 순간에도 하나님의 전능하심에 대해서 의심하지 않습니다. 모든 것을 아시는 하나님, 모든 것을 하실 수 있는 하나님, 그 하나님이 나와 지금 함께하신다는 것을요. 이것이 전능하신 하나님이시죠. 그래서 실제로 하나님은 꼭 우리의 믿음이 아브라함처럼 흔들리는 바로 그 순간에 우리에게 찾아오십니다. 그리고 이렇게 말씀하십니다.
"나는 엘 샤다이다. 나는 전능한 하나님이다. 불가능이 없다! 못할 일이 없다! 그러니 걱정하지 마라!"
가톨릭 성경 주석을 보면, 엘 샤다이의 '샤다이'는 '산'을 뜻하는 아카드어 '사두'(Sadu)에서 나온 말이라고 나옵니다. 산과 같은 하나님이라는 뜻입니다. 여러분, 산을 보십시오. 늘 그 자리에 있습니다. 산은 조금도 요동함이 없습니다. 그래서 시편의 기자는 "내가 산을 향하여 눈을 들리라"(시 121:1)라는 고백을 했습니다. 어떠한 순간에도 흔들리지 않고 산과 같이 늘 그 자리에 계시는 분이 하나님이십니다. 이것이 바로 전능하신 하나님입니다.
그래서 그 하나님을 믿고 사는 성도는 내 힘으로 살지 않습니다. 오히려 매 순간 나의 부족함과 연약함을 느끼고 아무리 노력해도 안 된다는 것을 실존적으로 깨닫습니다. 그러나 나는 아무것도 못하는 무능력자이지만, 내 곁에는 하나님이 계십니다. 프린스(Bishop O. W. Pricne) 목사님은 자신의 블로그에 이렇게 썼습니다.

"I am nothing but God is everything!"
(나는 아무것도 아니고, 하나님이 모든 것입니다!)

여러분, 삶에서 이렇게 전능하신 하나님을 믿고 살아갈 때 어떠한 일이 일어나는 줄 아십니까? 유진소 목사님은 『나는 믿는다』에서 이렇게 말합니다.

우리 하나님은 영광을 받으시고, 우리를 공격하는 마귀는 실패하여 작동하지 못하며, 우리의 내면은 평강을 누리고, 우리 주변 사람들은 우리의 모습을 통해서 은혜를 받는다는 것입니다. 이런 역사가 우리 가운데 일어나길 축복합니다. 살아가면서 믿음이 흔들릴 때가 있고, 다른 것을 움켜쥐려 할 때가 찾아올 것입니다. 그 순간, 이렇게 고백하십시오! 이 고백으로 우리는 모든 것을 다 이겨낼 수 있습니다.
"나는 전능하신 하나님을 믿습니다!"[1]

3. 창조주 하나님

모든 것을 다 하실 수 있는 전능하신 하나님이 첫 번째로 하신 일은 바로 천지 창조입니다.

태초에 하나님이 천지를 창조하시니라(창 1:1).

누가 저에게 "목사님, 성경에서 가장 중요한 구절이 어디입니까?"라고 묻는다면, 저는 무조건 창세기 1장 1절을 말할 것입니다. 보통 창세기 1장 1절을 성경의 헤드라인이라고 합니다. 가장 중요하며 우리의 믿음이 반드시 창세기 1장 1절을 통과해야만 합니다. 그래야만 믿음으로 갈 수 있습니다. 하나님이 온 세상을 말씀 한마디로 창조하셨다는 것을 믿지 못하고 막혀버리면 그 사람은 결코 믿음으로 갈 수 없습니다.

CCM 가수 유은성 전도사님의 책을 읽는데, 그분의 부인인 배우 김정화 씨의 어머니가 예수님을 믿은 과정이 나와 있었습니다. 어느날 갑자기 어머니가 창세기 1장 1절이 믿어지셨답니다. 그래서 교회로 가셨다는 것입니다. 그때부터 갑자기 크고 견고한 믿음이 생겨서 죽는 순간까지 오직 교회, 오직 믿음으로 사셨다는 이야기였습니다.

이처럼 우리 신앙에서 가장 중요한 말씀은 당연히 창세기 1장 1절입니다. 하나님은 아무것도 없는 무(無)에서 말씀 한마디로 이 세상을 창조하셨습니다. 이 구절이 바로 하나님의 전능성이 가장 압도적으로 나타나는 부분입니다. 진화론자들은 이 세상이 우연히 만들어졌다고 합니다. 빅뱅이라는 큰 우주 대폭발에 의해서 지구가 만들어졌다고 합니다. 하지만 성경은 분명히 말합니다. **아니라고요. 하나님이 만드셨다고요.**

하나님의 창조가 얼마나 중요하냐면, 성경 전체에 흐르고 있는 핵심 주제가 바로 이 창조입니다.

> 너희는 천지를 지으신 여호와께 복을 받는 자로다(시 115:15).
> 너는 알지 못하였느냐 듣지 못하였느냐 영원하신 하나님 여호와, 땅 끝까지 창조하신 이는 피곤하지 않으시며 곤비하지 않으시며 명철이 한이 없으시며(사 40:28).
> 내가 땅의 기초를 놓을 때에 네가 어디 있었느냐 네가 깨달아 알았거든 말할지니라(욥 38:4).
> 슬프도소이다 주 여호와여 주께서 큰 능력과 펴신 팔로 천지를 지으셨사오니 주에게는 할 수 없는 일이 없으시니이다(렘 32:17).
> 태초에 말씀이 계시니라 이 말씀이 하나님과 함께 계셨으니 이 말씀은 곧 하나님이시니라 그가 태초에 하나님과 함께 계셨고 만물이 그로 말미암아 지은 바 되었으니 지은 것이 하나도 그가 없이는 된 것이 없느니라(요 1:1-3).

주께서 만물을 지으신지라 만물이 주의 뜻대로 있었고 또 지으심을 받았나이다 하더라(계 4:11).

하나님이 천지의 창조주이신 것을 믿는다는 것은 크게 두 가지 의미가 있습니다.

① 나는 이 땅의 주인이 아니다.

하나님이 만드셨으니 하나님이 주인이십니다. 그래서 내 것은 하나도 없습니다. 내가 살고 있는 내 집도, 내 건물도, 내 직장도, 내가 힘들게 모은 돈도, 자녀도, 가정도, 다 내 것이 아닙니다.

창조주 하나님을 믿는 것은 이것을 인정하는 행위입니다. 이 세상의 모든 것, 심지어 내 것이라고 생각했던 것들까지도 모두 하나님의 것이라는 사실입니다. 이것을 인정해야 합니다.

② 모든 것을 창조하신 하나님이 바로 나도 창조하셨다.

하나님은 온 우주, 온 세상을 말씀 한마디로 만드셨으며 우리 각 개인을 만드신 분도 하나님입니다. 이것은 우리의 가치에 대한 이야기입니다.

우리는 그가 만드신 바라(엡 2:10).

정품 롤렉스 시계와 짝퉁 롤렉스 시계의 차이가 어디에 있습니까? 누가 만들었냐에 있습니다. '위대하신 하나님이 나를 만드셨다', 이것은 내 존재가 엄청나다는 뜻입니다.

우리나라에서 가장 비싼 그림이 김환기 화백의 〈우주〉인데, 자그마치 132억에 팔렸습니다. 엄청난 금액이죠. 그런데 우리의 값어치는 그 이상이라는 것입니다. **왜요? 하나님이 만드셨으니까요!**

전세계적으로 인기를 끌고 있는 〈오징어 게임〉 시리즈를 보면, 사람이 죽어나가도 나머지 사람들은 돈에 미쳐서 계속 게임에 참여합니다. 1등을 하면 456억을 받을 수 있기에 자신이 죽을 수도 있지만 돈을 위해 달려듭니다.

여러분, 우리는 456억으로 환산할 수 있는 존재가 아닙니다. 하나님이 만드셨기 때문입니다. 우리는 하나님의 작품이기 때문입니다. 지금 내 꼴이 별로이고, 내 상황이 좋지 않아도, 우리의 정체성은 변치 않습니다. 창조주 하나님을 믿는 것은 바로 내가 하나님의 걸작이고, 그만큼 귀하다는 것을 믿는다는 뜻입니다.

4. 그 하나님이 우리의 아버지 되신다

사도신경을 다시 상기하면 '전능하사 천지를 만드신 하나님을 우리가 믿는다'라고 고백하는데, 자세히 보면 '하나님'이 아니라

'하나님 아버지'를 믿는다고 말하고 있습니다. 이 말은 창조주 하나님이 나랑 상관없는 분이 아닌, 나의 아버지라는 고백입니다. 이 부분은 우리에게 매우 특별합니다. 부모의 역할이 무엇입니까? 자녀를 책임지는 것입니다. 어떻게 책임집니까? 무슨 일이 생겨도, 끝까지 책임집니다.

2008년 중국 쓰촨성 대지진 때, 4만 명 이상이 사망했습니다. 이때, 매몰 120여 시간 만에 구조대가 폐허 속에서 시체 하나를 발견합니다. 두 팔을 땅에 짚고 무릎을 꿇은 채로 숨을 거둔 20대 여성이었습니다. 구조대가 이 여성의 시신을 들어 올리자, 그 밑에 태어난 지 세 달 정도 된 어린아이가 잠들어 있었습니다. 건물 더미가 무너질 때 엄마가 아기를 보호하기 위해 무릎을 꿇고 팔로 무거운 잔해더미를 버틴 채 죽어간 것입니다. 놀랍게도 아이는 아무런 상처 없이 편안히 잠들어 있었습니다. 아기 옆에 있던 엄마의 휴대폰에는 이런 글이 쓰여 있었습니다.

"사랑하는 아가, 만일 네가 살아남게 된다면 엄마가 너를 얼마나 사랑했는지를 꼭 기억하렴."

이것이 끝까지 아기를 포기하지 않는 엄마의 사랑, 모성애 아니겠습니까? 부모는 본능적으로 자녀를 지키려고 합니다. 그런데 우리는 부족합니다. 너무나도 약한 존재입니다. 인간 부모는 노력할 수는 있지만 자녀들을 끝까지 지키지는 못합니다. 그러나 성경은 분명히 말합니다. **'하나님이 우리의 아버지가 되신다'**라고요. 이 말씀은 하나님이 우리의 모든 생사를 책임지신다는 뜻입니다.

그러므로 염려하여 이르기를 무엇을 먹을까 무엇을 마실까 무엇을 입을까 하지 말라(마 6:31).

우리의 고민은 잘 먹고, 잘 마시고, 잘 입는 것 아닌가요? 올 한 해도 제발 잘 먹고, 잘 벌고, 잘 살면 좋겠다고 생각하지 않으십니까? 그런데 주님은 "이는 다 이방인들이 구하는 것이라 너희 하늘 아버지께서 이 모든 것이 너희에게 있어야 할 줄을 아시느니라"(마 6:32)라고 말씀하십니다.

"너희들, 그렇게 먹고사는 것에 집중하면서 살지 말아라! 돈 문제로 인해서 그렇게 염려하지 말아라! 너희 하늘 아버지인 내가 너희의 필요를 다 알고 있다. 너희는 공중의 새보다 귀하고, 들의 백합화보다 귀한 존재다. 너희들은 바로 내 새끼다! 그러니 먹고사는 문제로 인해서 염려하지 마! 내가 책임져줄게, 내가 도와줄게! 왜? 나는 너희들의 아버지 하나님이잖아. 내가 아버지인데, 내가 부모인데, 왜 걱정하니?"라고 하시죠.

고통과 어려움 속에서 이러한 하나님 아버지의 손길을 가장 많이 경험한 사람이 누구일까요? 바울입니다. 바울은 고난을 어려워하지 않았습니다. 왜요? 아버지 하나님이 계시니까요. 모든 문제를 다 해결해 주시니까요. 그래서 바울은 이렇게 고백합니다.

아무것도 염려하지 말고 다만 모든 일에 기도와 간구로, 너희 구할 것을 감사함으로 하나님께 아뢰라 그리하면 모든 지각에 뛰어난 하나님의 평강이 그리스도 예수 안에서 너희 마음과 생각을 지키시리라(빌 4:6-7).

여러분은 무엇을 믿습니까? 우리는 전능하신 하나님, 창조주 하나님을 믿습니다. 그런데 이 하나님은 추상적인 신이 아닙니다. 바로 '우리' 하나님입니다. 어떠한 순간에도 자녀들을 불꽃 같은 눈동자로 지키시고 함께하시는 우리의 하나님이라는 사실입니다.

김승욱 목사님의 『나는 믿습니다』에 한 탈북자 형제의 글이 있었습니다. 이 형제가 북한에서 탈북하기 전에 자기 새어머니가 이렇게 말했다고 합니다.

"너 정말 힘들고 어려울 때가 있으면 하나님께 꼭 기도하렴. '하나님 아버지 도와주세요. 예수님의 이름으로 기도합니다.' 이렇게 기도해."

새어머니가 북한에서 숨어서 예수님을 믿는 그리스도인이었던 것입니다. 이 형제가 북한을 탈출해 중국에 들어가서 다른 탈북자들과 함께 숨어 있는데, 갑자기 공안이 들이닥쳤습니다. 이제 걸리면 곧 죽은 목숨입니다. 방법이 없습니다. 그냥 끝난 것입니다. 바로 그때, 형제에게 새어머니가 해준 말이 떠올랐습니다. 그래서 태어나서 처음으로 눈을 감고 기도했습니다.

'하나님 아버지, 도와주세요.'

그러고 나서 눈을 떴는데, 공안은 이미 방에 들어와 있습니다. 다 끝나버린 것입니다. 그런데 그때 공안 옆에서 통역하는 조선족이 예상 밖의 질문을 던졌습니다.

"당신 한국 사람입니까?"

그렇다고 하니까, 공안이 또 질문했습니다.

"한국 어디서 왔습니까?"

"서울입니다."

보통 서울이라고 하면 주소를 물어봐야 하는데, 안 물어보는 것입니다. 그리고 또 물었습니다.

"여기 있는 사람들도 다 서울에서 왔습니까?"

"네, 그렇습니다."

"한국 사람들이면, 여기 있지 말고 빨리 이 건물에서 나가세요!"

이렇게 해서 살았다는 것입니다. 기적 중의 기적이죠. 그때 이 형제는 살아계신 하나님을 만났다고 합니다. 너무나도 나약한 목소리로 불렀던 하나님 아버지인데, 아버지는 그 작은 소리를 들으셨습니다.

사도신경에서 우리가 고백하는 '전능하사 천지를 만드신 하나님'은 우리의 아버지이십니다. 어디 멀리에 계신 분이 아니세요. 우리의 작은 소리도 다 들으시며 지금도 우리의 목소리에 귀기울이고 계십니다.

그리고 우리를 도우십니다. 시편의 기자도 이렇게 전능하신 창조주 하나님을 찬양합니다.

지존자의 은밀한 곳에 거주하며 전능자의 그늘 아래에 사는 자여, 나는 여호와를 향하여 말하기를 그는 나의 피난처요 나의 요새요 내가 의뢰하는 하나님이라 하리니 이는 그가 너를 새 사냥꾼의 올무에서와 심한 전염병에서 건지실 것임이로다(시 91:1-3).

전능하사 천지를 만드신 하나님 아버지를 믿고 살아갈 때, 그 하나님이 사냥꾼의 올무와 어떠한 고통에서도, 심지어 심한 전염병에서도 우리를 건지실 것을 약속하고 있습니다. **왜요? 하나님은 우리의 아버지 되시니까요.**

제2장

유일하신 아들 우리 주 예수 그리스도를 믿습니다

(마 1:21, 막 1:1)

아들을 낳으리니 이름을 예수라 하라 이는 그가 자기 백성을
그들의 죄에서 구원할 자이심이라 하니라(마 1:21).
하나님의 아들 예수 그리스도의 복음의 시작이라(막 1:1).

예전에 많은 그리스도인이 자기 차량에 물고기 스티커를 붙였습니다. 그 물고기를 보통 영어로 '익투스'(ICTUS)라고 부르는데, 헬라어로는 '익쑤스' 혹은 '익쉬스'(IXΘYΣ)라고 발음합니다.

I: 예수(Ιησους: 예수스)
X: 그리스도(Χριστός: 크리스토스)
Θ: 하나님(Θεου: 떼우)
Y: 아들(Υιος: 휘오스)
Σ: 구세주(Σωτηρ: 소테르)

즉 '예수 그리스도, 하나님의 아들, 구원자'라는 뜻입니다. 그리고 이것을 묶어놓으면 '익쑤스'가 되고, 헬라어로 물고기를 뜻하는 단어가 됩니다.

익쑤스, 이 물고기 모양이 나오게 된 배경은 이렇습니다. 초대 교회 교인들은 로마의 핍박 속에서 살았습니다. 상대방이 우리 편인지 아닌지 확인하는 것은 내 목숨과 직결되는 일이었습니다. 그래서 교인들이 지하 무덤인 카타콤에서 살 때, 길을 가다가 처음 보는 사람을 만나면 조용히 벽에 물고기의 반원을 그렸습니다. 상대방이 같은 그리스도인이면 나머지 원을 그려서 물고기를 완성시키고 서로가 성도인 것을 확인했죠. 반대로 상대방이 그리스도인이 아니면 그냥 지나쳤을 것입니다. 초대 교회 성도들은 자신들의 신분을 확인하는 방법으로 이 물고기를 사용했습니다.

'나는 물고기, 그러니까 예수 그리스도, 하나님의 아들, 구원자를 믿습니다.'

이는 초대 교회 성도들의 신앙에서 가장 중요한 부분이었습니다.

오늘 여러분은 예수님을 여러분의 구원자로 믿으십니까? 보통 우리가 오직 예수님만이 유일한 구원자라고 이야기하면, 다른 종교를 믿는 사람들은 기독교가 독선적이라고 말합니다. 왜 너희 종교에만 구원이 있고, 다른 종교를 인정하지 않느냐는 것이죠.

세상은 기독교를 거부하고 배척하는 이유 중 하나로 이러한 독선을 꼽습니다. "종교가 다 좋은 거지, 왜 너희만 좋다고 해?"라고 말하죠. 세상 사람들은 이해하지 못합니다. 또 한쪽에서는 "왜 서양 종교를 믿냐? 우리나라 것이 좋지"라면서 신토불이를 주장합니다. 왜 이스라엘의 신을 믿느냐고요.

여러분, 우리가 예수님을 믿는 것은 외국 것이 좋아서가 아니라 그것이 진리이기 때문입니다. 성경은 분명히 말하고 있습니다.

예수께서 이르시되 내가 곧 길이요 진리요 생명이니 나로 말미암지 않고는 아버지께로 올 자가 없느니라(요 14:6).

앞에서 사도신경의 구성을 이야기하며 열두 개의 '나는 믿는다'가 나와 있다고 했습니다. 그런데 그중 절반이 성자 예수님을 믿는 것에 대한 내용입니다. 성부, 성자, 성령의 삼위일체 하나님 중에 성자 예수님에 대한 내용이 압도적으로 많습니다.

왜 사도신경 내용의 절반이 성자 예수님에 대한 것일까요? 손재익 목사님은 두 가지 이유를 제시합니다.

① 내가 그리스도인이라는 고백을 '예수 믿는 것'이라고 표현하기 때문이다.

전도할 때 보면, '하나님 믿으세요', '성령님 믿으세요', 이렇게 표현하기보다 보통 '예수님 믿으세요'라고 말합니다. 기독교 신앙이라고 하면 예수님을 믿는 것이 대표적입니다. 한자 '기독'(基督)이라는 말도 '그리스도'를 번역한 것입니다.

② 사도신경이 형성되던 A.D. 2-6세기 교회에서 발생한 가장 큰 논쟁이 성자 하나님에 대한 것이었기 때문이다.

만약 가장 큰 논쟁이 성부 하나님에 대한 것이었다면 사도신경에는 성부가 크게 부각되었을 것이고, 성령 하나님이었다면 성령님이 더 부각되었을 것입니다. 그런데 당시에는 성자 예수님에 대한 논쟁이 가장 컸습니다. 특히 예수님의 신성과 인성을 인정하지 않는 이단들이 활개를 치다 보니 예수님의 신성과 인성에 대한 논의가 가장 많았고, 자연스레 사도신경에서도 성자 하나님에 대한 내용을 강조하게 되었습니다.

이번 장에서 우리가 살필 성자 예수님에 대한 사도신경의 내용은 매우 간단합니다. **'그 외아들 우리 주 예수 그리스도를 믿사오니'** 입니다. 새로운 번역으로는, '그의 유일하신 아들, 우리 주 예수 그리스도를 믿습니다'이죠. 여기에 보면 우리의 믿음의 대상이신 예수님에 대한 표현이 총 네 가지 나옵니다.

1. 예수: 성자의 이름

제 이름은 '정현'(楨賢)인데 늘 괜찮은 이름이라고 생각합니다. '정'은 홍양 이씨 28대손 항렬이고 '현'은 '어질 현'으로 제 아버지가 지으셨습니다. 이름은 보통 이렇게 부모나 조부모가 만들어줍니다.

그런데 성경을 보면 특별하게 하나님이 직접 이름을 만들어주시는 경우가 있습니다. 아브라함의 아들인 이삭의 이름은 '웃음'이라는 뜻인데, 하나님이 지으신 이름입니다. 세례 요한의 이름 역시 그가 태어나기 전에 천사를 통해 하나님이 지어주신 것으로, '주께서 자비를 베푸신다'라는 뜻입니다.

예수라는 이름도 하나님이 직접 지어주셨습니다. 그렇다면 예수라는 이름이 매우 특별한 이름이었을까요? 그렇지 않습니다. 새로운 이름이 아닌 이미 존재했던 이름이었습니다. 구약에 보면, '여호수아', '예수아'가 신약의 예수와 같은 이름입니다. 신약에서도 우리가 아는 예수님 외에 사도행전 13장 6절에 나오는 '바예수'(예수의 아들)가 있고, 골로새서 4장 11절에 나오는 유스도의 또 다른 이름도 예수였던 것을 알 수 있습니다. 예수라는 이름은 당시에 다른 사람들도 종종 사용하는 이름이었습니다. 이승구 교수님은 『사도신경』에서 예수라는 이름이 당시 평범한 이름 중 하나였다고 합니다. **그렇다면, 왜 하나님은 성자에게 다른 이름이 아닌 예수라는 이름을 붙이셨을까요?**

> 아들을 낳으리니 이름을 예수라 하라 이는 그가 자기 백성을 그들의 죄에서 구원할 자이심이라 하니라(마 1:21).

위 질문의 답은 예수라는 이름의 의미 안에서 찾을 수 있습니다. 그 의미가 **'하나님이 구원하신다'**이기 때문입니다.

여기에 대한 설명이 하이델베르크 요리문답 제29번에 잘 나와 있습니다. 하이델베르크 요리문답은 1563년에 만들어진 개신교에서 가장 영향력 있는 신앙고백서인데, 다음과 같이 말합니다.

문: 왜 하나님의 아들이 예수, 즉 구원자로 불립니까?

답: 왜냐하면 그는 우리를 우리의 죄로부터 구원해 주시기 때문입니다. 그러므로 다른 어떤 다른 데서 구원을 추구하거나 찾을 수 없습니다.

우리를 구원하실 수 있는 이는 예수님밖에 없다는 것을 확실히 말해 주고 있습니다. 하나님은 죄악 속에서 죽어가는 우리를 구원하기 위해서 예수님을 보내셨고, 그분은 그 이름의 뜻 자체가 구원자입니다. 이것은 우리 신앙에서 절대적으로 중요합니다.

유튜브에서 한 기독교 방송의 영상을 본 적이 있습니다. 주제는 '구원'에 대한 것이었고, '이순신 장군은 구원을 받았는가?' 등 우리의 궁금증을 자아낼 만한 내용으로 높은 조회수를 기록하고 있었습니다. 영상의 주인공은 모 유명 대학에서 신학을 가르치는 교수님이었는데, 사도행전 4장 12절과 요한복음 4장 16절에 대해서 이렇게 해석했습니다.

> 다른 이로써는 구원을 받을 수 없나니 천하 사람 중에 구원을 받을 만한 다른 이름을 우리에게 주신 일이 없음이라 하였더라(행 4:12). 예수께서 이르시되 내가 곧 길이요 진리요 생명이니 나로 말미암지 않고는 아버지께로 올 자가 없느니라(요 16:4).

이 말씀은 안 믿는 사람들을 쳐내기 위해서 주신 말씀이 아니라, 예수님을 잘 알고 있는 제자들에게 주신 말씀이라는 것이었습니다. 그래서 그분의 논리로는 평생 착하게 살다가 죽은 분들, 우리 선조들 가운데 훌륭하신 분들, 자신은 그 사람들이 구원을 받았는지 안 받았는지 모르겠다고 하시더군요. 구원에 대해 '모르겠다'라고 표현했습니다.

사도행전과 요한복음 말씀은 특정 제자들만을 위해서 기록된 것이 아닙니다. 온 인류를 위해 기록되었습니다. 그리고 여기에만 나오는 것이 아니라 성경 곳곳에 비슷한 말씀이 나옵니다.

하나님께서는 모든 사람이 구원 받기를 원하십니다. 또한 모든 사람이 진리를 알기를 원하십니다. 하나님은 오직 한 분이십니다. 하나님께 나아갈 수 있는 방법도 한 가지뿐으로 오직 예수 그리스도를 통해서만 가능합니다. 이것을 위하여 예수 그리스도께서는 사람의 몸으로 이 땅에 오셨습니다(딤전 2:4-5, 쉬운성경).

신구약 성경 전체는 분명하게 이야기합니다. **'다른 이름으로는 우리의 구원이 불가능하다. 오직 예수 그리스도를 통해서만 가능하다'**라고요. 구약의 성도들은 오실 그리스도를 통해서 구원을 받았고, 신약의 성도는 오신 그리스도를 통해서 구원에 이르게 되었습니다. 그 구원자의 이름이 바로 예수입니다.

2. 그리스도: 성자의 직분

'그리스도'는 헬라어로 '크리스토스'(Χριστός), 히브리어로 번역하면 '메시아'(מָשִׁיחַ)입니다.

> 그가 먼저 자기의 형제 시몬을 찾아 말하되 우리가 메시아를 만났다 하고(메시아는 번역하면 그리스도라)(요 1:41).

히브리어로 메시아는 '기름을 붓다'라는 '마샤흐'(מָשַׁח)의 명사형으로, '기름 부음을 받은 자'라는 뜻입니다. 구약 시대의 왕과 선지자와 제사장은 기름을 부어서 특별하게 세웠습니다. 구약에서 기름 부음을 받은 왕과 제사장과 선지자는 신약에 오실 메시아 즉 그리스도에 대한 모형이었죠.

신약 시대에 오신 그리스도는 이 세 가지 직분을 모두 가진 분이십니다. 그분은 구원자로서 온 백성을 죄에서 해방하실 분이었습니다. 그래서 이스라엘 백성들은 그리스도, 메시아, 즉 기름 부음 받은 자가 오시기를 학수고대했습니다. 세례 요한이 등장해서 사람들에게 회개의 말씀을 선포하고 다닐 때, 혹시 당신이 그리스도가 아니냐고 물었던 것도 그만큼 당시 백성들이 그리스도를 기다렸기 때문이었습니다. 이런 상황 속에 예수님이 가이사랴 빌립보 지방에서 제자들에게 물으십니다.

"너희는 나를 누구라 하느냐?"
그때 베드로가 이렇게 답합니다.

시몬 베드로가 대답하여 이르되 주는 그리스도시요 살아 계신 하나님의 아들이시니이다(마 16:16).

예수님이 그렇게 기다리셨던 답변이었습니다. 베드로가 예수님을 그리스도라고 고백했습니다. 이 고백대로 예수님은 제사장으로서, 우리를 구원하시기 위해 자신의 몸을 직접 희생 제물로 드리셨습니다. 예수님은 선지자로서, 하나님의 뜻을 우리에게 직접 계시해 주셨습니다. 또한 예수님은 왕으로서, 우리를 다스리고 계십니다. 즉 주는 그리스도시라는 베드로의 고백은 예수님이 우리의 구원자가 되신다는 뜻입니다.

이런 백 점짜리 고백에 예수님은 곧장 "바요나 시몬아 네가 복이 있도다"라고 하십니다. 왜 이게 복이 있는 고백일까요?

성경에 "영생은 곧 유일하신 참 하나님과 그가 보내신 자 예수 그리스도를 아는 것"(요 17:3)이라고 합니다. 그리스도를 알게 되면 영생을 얻기 때문에 그렇습니다. 이 땅에서의 삶이 끝나면 죽음 이후가 있는데, 영원히 예수님 안에서 살 수 있는 축복이 예수님을 그리스도, 구원자로 고백하는 사람에게 있기에 복되다는 것입니다.

3. 외아들: 성자의 위격

우리가 잘 아는 찬양 가운데, 〈주 하나님 독생자 예수〉가 있습니다. 사도신경을 보면, '그 외아들'이라는 표현이 나옵니다. 요즘 번역으로는 '유일하신 아들'이라는 뜻입니다. 한자로는 '독생자'(獨生子)라고 표현합니다. 성경에 하나님의 아들이라는 표현은 여러 차례 등장합니다. 이승구 교수님은 다음과 같이 정리합니다.

① **하나님을 믿는 백성을 하나님의 아들이라고 한다.**

너는 바로에게 이르기를 여호와의 말씀에 이스라엘은 내 아들 내 장자라(출 4:22).

원래는 아들이 아니었는데, 하나님을 믿으면서 우리의 신분이 아들이 되었다는 뜻입니다. 쉽게 말하면 입양과 같은 개념입니다.

② **이스라엘 왕들을 하나님의 아들이라고 불렀다.**
다윗의 후손으로 왕이 될 아들에 관해서, 하나님은 그를 아들이라 부르셨습니다.

나는 그에게 아버지가 되고 그는 내게 아들이 되리니(삼하 7:14).

③ 천상의 존재들에게 하나님의 아들들이라고 불렀다.

하루는 하나님의 아들들이 와서 여호와 앞에 섰고 사탄도 그들 가운데에 온지라(욥 1:6).

욥기를 보면 천상의 존재를 하나님의 아들이라고 표현한 구절이 나옵니다. 그런데 예수님에게 붙여진 '아들'은 위의 표현들과는 성질이 완전히 다릅니다. "아버지의 독생자"(요 1:14), "독생하신 하나님"(요 1:18)과 같이 성경에서는 예수님을 하나님의 독생하신, 즉 유일하신 아들이라고 합니다. '독생자'는 헬라어로 모노게네스(μονογενής)인데, 이 표현은 일차적으로는 '유일하게 낳아진'이라는 뜻을 갖고 있습니다. 성부께서 유일하게 낳으신 아들이 바로 예수님이십니다. 성자는 성부의 유일하신 아들이자 성부와 동일한 분, 동일한 하나님입니다. 성부를 동일하게 계시할 수 있는 분입니다. 그래서 성자를 제2위격 하나님이라고 합니다.

4. 주: 성자와 우리의 관계

'주'(主)는 헬라어로 '퀴리오스'(κύριος)라는 단어인데, 원래 이 단어는 상대방을 높여 정중히 부를 때 사용했습니다. 유대인들은 빌라도를 부를 때, 주라고 했습니다. 마리아는 주님을 동산지기로 착각하고 주라고 불렀습니다. 데이비드 웰스(David F. Wells)는 『기독론』에서 주는 아랫사람이 높은 위치에 있는 사람을 부르는 호칭이었다고 말합니다. 예를 들어 네로가 이 당시 '퀴리오스'였고 부인이 남편을 높여서 부를 때 주라고 했으며 선생님에게도 사용했습니다.

그러나 제자들이 예수님을 주라고 부를 때는 이 예시들과 달랐습니다. 예수님이 부활하신 다음 도마가 요한복음 20장 28절에서 예수님을 가리켜, "나의 주시며, 나의 하나님"이라고 불렀을 때 그것은 '모든 이름 위에 뛰어난 이름, 가장 높으신 이름'이라는 뜻이었습니다. 당시 유대인들은 여호와 하나님을 주라고 불렀습니다. 우리가 예배 시간에 예수님을 주님이라고 부르는 것은 하나님으로 부르는 표현입니다.

그래서 주라는 호칭 속에서 우리와 성자 예수님의 관계가 나오게 됩니다. 예수님은 우리의 주인이시며, 우리는 주님의 노예입니다. 우리는 주님께 속한 자들이기에 우리는 주님만 섬겨야 합니다. '내 평생에 나는 다른 것을 따르지 않고, 섬기지 않고, 오직 나의 주인이신 예수님만을 섬기겠습니다.'

이것이 바로 주님이라는 표현의 의미인 것입니다. '그 외아들 우리 주 예수 그리스도를 믿사오니'라는 표현은 여러분이 생각하는 것 그 이상으로 매우 중요합니다.

류응렬 목사님이 설교 중에 이런 예화를 들었습니다. 어떤 목사님이 미국에 집회를 인도하러 갔다가 한 교인의 가정에 초대를 받았습니다. 이때 동행하는 집사님이 목사님께 요청했습니다.

"목사님, 이번에 꼭 이분이 예수님을 영접할 수 있도록 도와주세요. 아직 예수님을 모르는 분이에요."

아니, 강사 목사를 집에 초청할 정도인데 예수님을 영접하지 못했다니, 매우 놀라운 일이었습니다. 더 놀랍게도 집에 들어갔더니 집안 곳곳에 온갖 신앙 서적이 가득 장식되어 있었고, 심지어 한 방의 벽에는 그 집을 다녀간 유명한 목사님들의 사진이 걸려 있었습니다. 그분이 이렇게 말했습니다.

"목사님, 저는 매일 아침 6시에서 7시까지 이 방에서 하나님의 말씀으로 경건의 시간을 가집니다."

대단한 일 아닌가요? 매일 하루에 한 시간씩 하나님과 영적 교제를 나누는 사람이라니요. 그런데 그다음에 이런 말을 했습니다.

"그런데 목사님, 저는 아직 예수님을 모릅니다. 믿으려 애를 써도 쉽지가 않아요. 저는 물질이 있습니다. 학식이 있어요. 그런데 예수님이 믿어지지 않습니다. 어떻게 해야 합니까?"

이러한 일은 충분히 일어날 수 있습니다. 혹시 이 책을 읽고 있는 분들 가운데, 이분과 비슷한 마음인 분이 계십니까? 교회는 다니고 있는데, 매주 예배는 드리고 있는데, 아직도 예수님이 믿어지지 않는 분이 계십니까? 예수님이 유명하고 대단한 분인 것은 알겠는데, 내 마음속에 나의 주님으로, 구원자로 들어와 계시지 않는 분이 혹시 있으십니까?

성경의 인물 가운데 매우 특이한 한 사람을 소개하겠습니다. 이 사람은 정말 부럽게도 예수님과 함께 3년간 매일 시간을 보냈습니다. 심지어 열두 명의 제자들 가운데 임원으로 선출되었습니다. 중요한 돈을 관리하는 회계이기도 했습니다. 누구인지 아시겠죠? 바로 가룟 유다입니다. 그런데 이 가룟 유다는 버림받았고, 자살로 그의 생을 마감합니다.

왜 가룟 유다의 인생이 비참하게 끝났을까요? 가룟 유다는 예수님과 함께는 있었지만 평생에 한 번도 예수님을 그리스도로, 나의 주로 고백해 본 적이 없었습니다. 예수님을 자기 민족 유대인들을 로마의 압제에서 구출해 줄 정치적 구세주로 알았지, 영혼의 구세주로 믿지 못했습니다. 3년간 매일 예수님과 함께했던 가룟 유다에게 빠진 딱 한 가지는 바로 사도신경의 고백이었습니다.

'그 외아들 우리 주 예수 그리스도를 믿사오니,'

이것이 없었습니다. 바로 이 사실이 그의 인생을 비참하게 끝나게 한 것입니다. 이 고백 하나가 이렇게 중요합니다. 이 고백이 있을 때 여러분의 인생은 가장 복된 인생이 됩니다. 반대로 이 고백이 없다면 여러분의 인생은 복과는 상관이 없는 인생이 됩니다. 오늘부터 사도신경의 이 고백을 하고 살아보세요! 여러분의 인생은 축복의 통로가 될 것입니다!

찬송하리로다 하나님 곧 우리 주 예수 그리스도의 아버지께서 그리스도 안에서 하늘에 속한 모든 신령한 복을 우리에게 주시되(엡 1:3).

하나님은 말씀을 통해 예수님을 주와 그리스도로 고백하는 자들에게 모든 신령한 복을 주겠다고 말씀하십니다. 이 복은 하늘로부터 내려오는 영적인 축복을 말합니다.

에베소서 1장 1-5절은 매우 특이한 본문입니다. '그리스도'라는 단어가 무려 일곱 번이나 반복됩니다.

하나님의 뜻으로 말미암아 그리스도 예수의 사도 된 바울은 에베소에 있는 성도들과 그리스도 예수 안에 있는 신실한 자들에게 편지하노니 하나님 우리 아버지와 주 예수 그리스도로부터 은혜와 평강이 너희에게 있을지어다 찬송하리로다 하나님 곧 우리 주 예수 그리스도의 아버지께서 그리스도 안에서 하늘에 속한 모든 신령한 복을 우리에게 주시되 곧 창세 전에 그리스도 안에서 우리를 택하사 우리로 사랑 안에서 그 앞에 거룩하고 흠이 없게 하시려고 그 기쁘신 뜻대로 우리를 예정하사 예수 그리스도로 말미암아 자기의 아들들이 되게 하셨으니(엡 1:1-5).

예수님을 그리스도로 믿고 고백하는 성도들, 예수님을 믿고 예수님을 하나님의 독생자, 주로 믿고 살아가는 성도들에게는 세상이 줄 수 없는 최고의 복이 약속되어 있습니다.

인터넷에 보니 어떤 45세의 남성은 평생 돈을 모으는 데만 집중해서 집, 주식, 현금 등을 합쳐 100억원의 자산을 모았더라고요. 전에 〈유퀴즈〉라는 TV 프로에 나온 한 청년은 서울대부터 해서 의대만 여섯 군데에 합격했습니다.

여러분, 이들이 부러우신가요? 기억하십시오. 세상의 복은 잠깐이며 영원하지 않습니다. 하지만 하나님이 주신 신령한 복은 영원합니다. 우리는 잠깐 좋다가 끝나는 복이 아닌, 영원한 복에 초점을 맞추면서 살아야 합니다.

예수님을 믿는 것이 우리 인생에서 가장 복된 일입니다. 예수님을 아는 것이 가장 큰 복입니다. 우리 가정이 잘살지 못하고 특별한 것이 없어도, 온 식구가 예수님을 믿고 살면 그게 가장 큰 행복인 것입니다.

성 어거스틴(Augustine)이 어느 날 밤 주님을 사모하는 마음으로 기도하다가 잠이 들었습니다. 그는 꿈결에 사랑하는 주님을 만났습니다. 주님이 어거스틴에게 이렇게 말씀하셨습니다.

"나의 아들아, 너는 나에게 무엇을 원하느냐?"

그때 어거스틴이 이런 유명한 말을 했습니다.

"아무것도 원하지 않습니다. 오직 주님만을 원합니다."

이것이 정답입니다. 예수님을 나의 구주로 영접한 성도는 다른 것이 부럽지 않습니다. 다른 것은 중요하지 않습니다. 가장 귀한 것을 얻었기 때문이죠, 가장 큰 축복을 이미 얻었기 때문입니다. 예수님을 나의 구주로 고백하는 신앙고백은 우리를 복으로 인도해 줍니다.

제3장

성령으로 잉태되어
동정녀 마리아에게 나심을
믿습니다

(마 1:18-20)

예수 그리스도의 나심은 이러하니라
그의 어머니 마리아가 요셉과 약혼하고 동거하기 전에
성령으로 잉태된 것이 나타났더니 그의 남편 요셉은 의로운 사람이라
그를 드러내지 아니하고 가만히 끊고자 하여 이 일을 생각할 때에
주의 사자가 현몽하여 이르되 다윗의 자손 요셉아
네 아내 마리아 데려오기를 무서워하지 말라
그에게 잉태된 자는 성령으로 된 것이라 (마 1:18-20).

삼성을 창업한 고(故) 이병철 회장은 그의 인생 말년에 폐암에 걸리면서 영적인 세계에 관심이 많아졌습니다. 그래서 죽기 한 달 전 즈음에, 영적 세계에 대한 스물네 개의 질문을 작성해서 평소 친분이 있었던 박희봉 신부님에게 물어보려고 했습니다.

그의 스물네 개의 질문 중 일곱 번째 질문이, "예수는 우리의 죄를 대신 속죄하기 위해서 죽었다는데 우리의 죄란 무엇인가?"였습니다. 안타깝게도 이병철 회장은 이 질문에 대한 답변을 얻지 못하고 죽었습니다.

1. 우리의 죄가 무엇인가?

교회에 오면 자꾸 내가 죄인이라고 하는데, 이게 이해가 안 될 때가 분명 있을 것입니다. 이 책을 읽는 분들 중에도 분명 "나는 죄 안 짓고, 착하게 잘 살고 있습니다." 이렇게 말할 수 있는 분이 계실 것이기 때문입니다. 그러나 우리가 생각하는 죄와 성경에서 말하는 죄는 조금 다릅니다. 우리는 나라에서 정한 법을 어기면 죄라고 생각하지만, 성경은 온 인류를 창조하신 하나님 뜻에서 벗어나면 그것을 죄라고 합니다.

죄는 히브리어로 하타(חָטָא), 헬라어로는 하마르티아(άμαρτία)입니다. 특별히 하마르티아의 어원은 '과녁에서 빗나가다'입니다. 화살이 표적을 빗나가듯, 하나님이라는 과녁에서 빗나간 것이 죄입니다. 하나님의 뜻 가운데 살지 못하고 하나님 말씀 밖에서 사는 모든 것이 죄인 것입니다. 성경에서 말하는 죄는 내 마음과 행위가 하나님 뜻 밖에 있는 모든 상태를 포함합니다.

2. 이 죄는 어떻게 시작되었을까?

하나님이 태초에 세상을 창조하시고 인간을 만드셨습니다. 그리고 인간과 언약, 즉 약속을 맺으십니다.

"내가 하는 말을 그대로 지키고 살아가면, 너와 너희의 후손들이 영원히 복을 받고 영생할 것이고, 너희가 내 말대로 살지 않으면, 너와 너희의 후손은 저주를 받을 것이다."

그런데 최초의 인간인 아담과 하와가 선악을 알게 하는 나무의 열매를 먹어버리면서 이 언약을 깨버립니다. 이때부터 인간은 하나님이라는 과녁에서 빗나갑니다. 이 빗나간 것이 바로 죄입니다.

아담과 하와가 에덴동산에서 지은 죄를 '원죄'라고 합니다. 아담과 하와는 온 인류의 대표자였기 때문에, 이들의 죄로 인해서 모든 인간이 태어남과 동시에 자동으로 죄인이 돼버렸습니다. 이것은 일종의 DNA와 같은 것입니다. 우리 모두는 황인종 DNA가 있어서, 백인이나 흑인으로 태어날 수 없습니다. 마찬가지로 우리 안에는 죄의 DNA가 있어서, 태어날 때부터 원죄가 있습니다. 예외가 한 명도 없습니다. 성경은 분명하게 말합니다.

그러므로 한 사람으로 말미암아 죄가 세상에 들어오고 죄로 말미암아 사망이 들어왔나니 이와 같이 모든 사람이 죄를 지었으므로 사망이 모든 사람에게 이르렀느니라(롬 5:12).

아무리 예쁜 아기라 할지라도 태어나는 순간에 이미 죄인입니다. 원죄로 인해서 죄의 DNA를 가지고 태어났기 때문입니다. 그래서 우리 모두가 죄인으로 시작합니다.

문제는 죄인은 처벌을 받게 된다는 것입니다. 죄가 있으면 반드시 처벌을 받습니다. 그렇다면 죄에 대한 하나님의 처벌이 무엇일까요? 로마서 6장 23절에 따르면 "죄의 삯은 사망"입니다. 죄의 결과로 모두가 죽음이라는 운명을 맞게 되었습니다. 우리의 죄로 인해서 우리 모두는 죽게 된 것입니다.

3. 죄인 된 우리를 살리고자 하시는 하나님의 구원의 방법

하지만 하나님은 온 인류가 죄 가운데 죽어가는 것을 원치 않으셨습니다. 왜요? 그분은 사랑이 많으신 분이시거든요. 비록 우리가 잘못해서 죄를 짓고 죽어가지만, 사랑이 많으신 하나님은 우리를 살리시고 싶은 마음이 간절했습니다.

> 하나님은 모든 사람이 구원을 받으며 진리를 아는 데에 이르기를 원하시느니라(딤전 2:4).

하나님은 우리 모두가 죄로 심판 받아 죽지 않고, 살기를 원하셨습니다. 요한복음 3장 16절에는 하나님의 사랑의 마음이 잘 나타나 있습니다.

> 하나님이 세상을 이처럼 사랑하사 독생자를 주셨으니 이는 그를 믿는 자마다 멸망하지 않고 영생을 얻게 하려 하심이라(요 3:16).

죄는 우리가 지은 것이고, 우리는 죄로 인해서 죽음을 맞이해야 하는데, 하나님은 그런 우리를 살리기 원하셨습니다. 그래서 독생자 예수님을 보내주셨습니다. 조금 더 구체적으로 온 인류를 살리고자 하시는 하나님의 구원의 방법이 사도신경에 정확히 나와 있습니다.

'성령으로 잉태하사 동정녀 마리아에게 나시고'

이 내용은 신앙고백의 내용 정도가 아니라 온 인류를 죄에서 구원하고자 하시는 하나님의 구원의 방법에 대한 고백입니다. 이 고백을 정확히 알고 믿어야만 우리가 구원에 이를 수 있으므로 매우 중요합니다.

하나님이 온 인류를 구원하시고자 자기 아들을 이 땅에 보내셨습니다. 온 인류를 구원하기 위해서는 세 가지 전제가 필요합니다.

① **죄인은 죄인을 구원할 수 없다.**

지금 온 인류는 모두 죄인, 100% 죄인입니다. 죄가 있는 사람은 다른 사람을 구원할 수 없습니다. 그도 반드시 자신의 죗값을 치러야 하기 때문입니다.

② **따라서 반드시 죄가 없는 분이 필요하다.**

이 세상에는 죄가 없는 사람이 없기 때문에, 죄가 없으신 하나님의 아들 예수님이 이 땅에 직접 내려오시게 됩니다.

③ 인간의 죄를 없애려면, 반드시 인간의 몸을 입고 와야 한다.

사람의 죄는 사람이 해결하는 것입니다. 내가 죄를 지었다고 해서 우리 강아지가 대신 감옥에 갈 수는 없습니다. 내 죄를 위해 고양이가 대신 형량을 받을 수는 없습니다. 반드시 인간의 죄는 같은 인간이 해결해야 합니다.

이러한 이유로 하나님의 아들 예수님이 인간의 옷을 입고 이 땅에 오십니다. 이것을 한자로는 '성육신'(成肉身)이라고 하고, 영어로는 'Incarnation'이라고 합니다.

4. 예수님이 성령으로 잉태되셔야 하는 이유

그런데 여기서 문제가 하나 발생합니다. 이 땅에 사람으로 탄생하려면 임신 과정이 필요한데, 이를 위해서 반드시 정자와 난자가 필요합니다. 그런데 지구상에 존재하는 누군가의 정자와 난자는 이미 죄인을 통해 만들어진 것입니다. 따라서 정자와 난자의 결합으로 태어나면 그 사람은 반드시 죄인으로 태어나게 되고, 그 방법으로는 인간을 살릴 수 없습니다.

그래서 하나님이 택하신 방법이, 예수님을 잉태할 때 남녀의 정상적 관계가 아닌 '성령으로 잉태케 하신 것'입니다. 인간의 상식으로 도무지 말이 안 되는 일이 발생한 것입니다.

반드시 죄가 없는 상태로 태어나야만 온 인류를 죄에서 구원할 수 있기에, 예수님은 정상적인 남녀의 결합이 아닌 동정녀 마리아의 몸을 빌려서 태어나셨습니다.

동정녀가 무엇입니까? 남자와 성적인 관계를 경험하지 않은 여성, 처녀를 의미합니다. 당시 10대 소녀였던 마리아는 이미 요셉과 약혼한 상태였는데, 두 사람은 동침한 적이 없었습니다. 그런데 임신을 했습니다.

만약 결혼하지 않은 어떤 연예인이 임신했다고 가정하면, 가장 먼저 나오는 기사 제목이 뭘까요? "누구의 아이인가?"일 것입니다. 얼마 전에 어떤 모델이 임신했을 때, 누구의 아이인가를 두고 추측이 난무했죠. 결국 유명 배우의 아이로 밝혀져 큰 충격을 주었습니다. 그런데 만약 그 모델이 '전 남자를 몰라요. 남자랑 손잡아 본 적도 없어요'라고 말한다면, 그걸 믿을 사람은 세상에 한 명도 없을 것입니다. 왜요? 말이 안 되니까요.

이처럼 성령의 능력으로 아이가 잉태된 동정녀 마리아를 통해 예수님이 나셨다는 것을 믿기는 상당히 어렵습니다. 교회를 다니지 않는 사람들은 그냥 웃을 뿐이죠. '예수는 인정할게. 좋은 사람이고 성인이지. 그런데 동정녀 탄생은 말도 안 돼'라고 생각할 것입니다. 심지어 기독교인 중에도 동정녀 탄생을 믿지 못하는 이들이 많이 있습니다. 왜요? 논리적으로, 이성적으로, 과학적으로 말이 안 되는 소리니까요.

초대 교회 때 에비온파가 있었는데, 이들은 예수님이 우리를 구원할 메시아라고는 믿었지만 동정녀 탄생은 믿지 않았습니다. 지금도 이런 부류들이 있습니다. 개신교 교파인 미국 성공회의 사제이자 주교까지 역임했던 존 쉘비 스퐁(Jone Shelby Spong)은 『만들어진 예수 참 사람 예수』에서 동정녀 탄생은 소설적인 합성물일 뿐이라고 주장했습니다.

여러분은 예수님의 동정녀 탄생을 믿으십니까? 혹시 이 책을 읽는 분들 중에도, "무슨 소리냐? 어떻게 처녀가 아이를 낳냐? 나는 믿지 못한다!"라고 하시는 분들이 계실 수 있습니다.

실제로 이런 일화가 있었다고 합니다. 고(故) 하용조 목사님이 연예인들이 모인 교회를 담임하던 시절에 성경 공부를 인도하는 중이었습니다. 이날 주제가 예수님의 동정녀 마리아 탄생이었습니다. 한창 성경 공부가 진행되는데 갑자기 한 젊은 연예인이 손을 번쩍 드는 것입니다.

"목사님 농담하지 마세요! 어떻게 처녀가 아이를 낳습니까?"

그때, 고참 연예인 구봉서 씨가 자리에서 일어나더니 이렇게 말했다고 합니다.

"야 임마! 마리아 신랑인 요셉도 믿었는데, 네가 뭔데 안 믿어?"

예수님의 동정녀 탄생에 대해서 믿지 못하는 분들이 있을 수 있다고 생각합니다. 일반적인 논리와 상식으로는 말이 안 되니까요. 그래서 만들어진 것이 '예수 사생아설'입니다. 당시 마리아가

몰래 만났던 남자가 있었는데, 그가 로마 군인 판테라(Phantera)였으며 그의 아이를 임신했다는 내용입니다. 그리스 철학자 켈수스(Celsus)는 최초의 반기독교 저서인 『참된 가르침』에서 예수는 마리아와 로마 군인 판테라 사이의 사생아였는데, 이러한 간통을 감추기 위해 성령으로 잉태한 것처럼 날조했다고 주장합니다. 동정녀를 헬라어로는 파르테노스(παρθένός)라고 하는데, 이것 역시 판테라의 이름에서 왔다는 설입니다. 매우 그럴싸해 보이죠. 성경의 내용을 믿음이 아닌 이성을 가지고 해석하려고 하면 충분히 이런 이야기가 나올 수 있습니다.

또한 '동정녀 설화설'이 있습니다. 이 가설은 동정녀 탄생이 사실이 아닌 일종의 설화라고 주장합니다. 왜냐하면 이 당시 이미 다른 종교에서 처녀 탄생 설화가 있었기 때문입니다. 누군가를 신적으로 특별하게 만드는 데 있어서 설화만큼 좋은 것이 없습니다. 우리나라의 건국 신화를 보아도, 신라의 박혁거세는 알에서 태어났습니다. 고구려의 주몽은 천신인 해모수와 강물의 신인 하백의 딸 유화 사이에서 알로 태어났습니다. 일반 신화에서도 남녀의 관계 없이 아이가 태어나니까 기독교의 예수도 신격화하기 위해서 그렇게 작업했다는 설입니다.

왜 이런 주장들이 나옵니까? 동정녀 탄생은 말도 안 된다는 인간적인 생각 때문입니다. 그렇다면 예수님 당시의 동네 사람들은 어떻게 생각했을까요?

이 사람이 마리아의 아들 목수가 아니냐 야고보와 요셉과 유다와 시몬의 형제가 아니냐 그 누이들이 우리와 함께 여기 있지 아니하냐 하고 예수를 배척한지라 (막 6:3).

그들은 예수님을 그저 요셉과 마리아 사이에서 태어난 여러 자식 중 한 명이라고 생각했습니다. 그 동네에서 성령으로 잉태된 동정녀 탄생에 대해 믿는 사람은 없었습니다.

하지만 우리가 알아야 할 중요한 내용은 예수님이 동정녀 마리아의 몸에서 성령으로 잉태되셔야만 우리가 구원에 이를 수 있다는 사실입니다. 이 내용 없이는 우리가 구원받을 수 없습니다. 이것은 이성과 과학으로 납득이 되냐 안 되냐의 문제가 아닙니다. **믿음의 문제입니다.**

이 책의 첫 번째 장에서 이야기했듯이 우리의 믿음은 창세기 1장 1절을 믿지 않으면 온전한 믿음으로 갈 수 없습니다. 태초에 하나님이 말씀 한마디로 온 세상을 다 만드셨습니다. 이러한 전능하신 하나님이 처녀의 몸에서 아이 하나 태어나게 하시는 것은 일도 아닌 것입니다. 우리 하나님은 능치 못함이 없으시다는 것을 알아야 합니다. 불가능은 없습니다.

하나님이 우리를 구원하기 위해서 예수님을 성령으로 동정녀에게 잉태시키셨는데, 주목할 점은 이 프로젝트를 엄청나게 일찍 가동하셨다는 것입니다. 이 구원의 프로젝트가 언제 가동되었는가 하면, 우리 인간이 죄를 짓자마자, 우리의 운명이 사망과 죽음으로 결정되자마자 바로 가동되었습니다. 성경 첫 번째 책인 창세기 3장에 보면 인간이 죄를 짓습니다. 바로 그 직후 이 구원 프로젝트가 발표됩니다.

> 내가 너로 여자와 원수가 되게 하고 네 후손도 여자의 후손과 원수가 되게 하리니 여자의 후손은 네 머리를 상하게 할 것이요 너는 그의 발꿈치를 상하게 할 것이니라 하시고 (창 3:15).

여기서 말하는 '여자의 후손'은 예수님입니다. 나중에 한 여성의 몸에서 아이가 태어나게 될 것이고, 그가 사탄의 권세를 이기고 우리를 구원시킬 것을 창세기에서 예언하고 있습니다. 하나님은 이 내용을 성경 초창기 때 이미 말씀하셨습니다.

또한 예수님이 태어나시기 무려 700여 년 전에, 선지자 이사야를 통해서 "처녀가 아들을 낳게 될 것이다! 온 인류를 죄에서 구원할 것이다!"라는 예언을 하셨습니다.

> 보라 처녀가 잉태하여 아들을 낳을 것이요 그의 이름을 임마누엘이라 하리라 (사 7:14).

성경에서는 매우 중요한 내용의 경우 반드시 먼저 구약에서 예언을 합니다. 하나님의 구원 프로젝트는 이미 준비되어 있었고, 이에 대해 무려 700년 전에 예언하셨습니다.

그러고는 드디어 때가 돼서 하나님은 천사 가브리엘을 마리아에게 보내셨습니다. 그런 다음 "네가 임신할 것이다! 너를 통해서 인류를 죄에서 구원할 예수가 태어날 것이다"라고 말씀해 주십니다.

> 예수 그리스도의 나심은 이러하니라 그의 어머니 마리아가 요셉과 약혼하고 동거하기 전에 성령으로 잉태된 것이 나타났더니(마 1:18).

성경은 분명하게 명시하고 있습니다. 죄 없는 하나님의 아들이 인간의 옷을 입고 이 땅에 오실 유일한 방법이 동정녀 탄생이라는 것을 말입니다. 그래야만 우리를 죄에서 구원하실 수 있기 때문입니다. 마리아를 통한 예수님의 탄생은 우리를 구원하고자 하시는 하나님의 프로젝트였습니다.

한쪽에서는 이 하나님의 구원 계획에서 마리아를 지나치게 대단하게 봅니다. 물론 마리아에게 대단한 믿음이 있었던 것은 맞습니다. 요즘으로 하면 중고등학생밖에 안 된 여자아이에게 "너 임신할 거야. 네가 메시아를 낳을 거야"라는 예언이 내려온 것입니다. 남자도 모르는 여자아이가 그 내용을 받아들여서 예수님을 열 달 동안 뱃속에 품고 탄생시킨 것은 대단한 믿음입니다.

그러나 여기서 너무 마리아 중심으로 간다면 위험해집니다. 천주교에서는 마리아를 지나치게 강조해서 그녀를 '성모'라고 부릅니다. 심지어 1854년에 교황 비오 9세(Pope Pius IX)는 마리아가 원죄 없이 태어났다고 주장하며 '마리아 무오설'을 공식 선포했습니다. 또한 교황 베네딕토 14세(Pope Benedictus XIV)는 마리아가 우리처럼 죽어서 썩지 않고, 그녀의 아들 예수님이 그녀의 영혼과 육체 모두를 천국으로 데려갔다는 '마리아 승천설'을 주장했습니다. 인간적인 생각이 들어가면 사실이 왜곡됩니다.

예수님 탄생은 그 안의 마리아가 중요한 것이 아니라, 하나님이 중요한 것입니다. 동정녀 마리아를 통해 예수님이 잉태된 것은 우리를 구원하시기 위해서 하나님이 선택하신 방법일 뿐입니다. 이것이 핵심입니다.

그래서 사도신경에서 어떻게 고백합니까?

'성령으로 잉태되었다.'

사람이 한 일이 아니라는 것입니다. 남녀 관계에 의한 잉태가 아니라, 전능하신 하나님의 프로젝트 속에서 초자연적으로 이루어진 임신이라는 것입니다. 예수님이 이 땅에 인간의 몸으로 태어나신 성육신 사건은 이것이 인간의 작품이 아닌 하나님의 작품이라는 것을 보여줍니다. 우리의 구원과 관련된 모든 일은 오직 하나님의 능력으로만 가능함을 말합니다.

우리 개개인의 구원도 동일합니다. 예수 이름을 믿게 되면, 우리는 하나님의 자녀가 됩니다. 인간의 DNA를 통해서 구원에 이르는 사람은 없습니다.

영접하는 자 곧 그 이름을 믿는 자들에게는 하나님의 자녀가 되는 권세를 주셨으니(요 1:12).
이는 혈통으로나 육정으로나 사람의 뜻으로 나지 아니하고 오직 하나님께로부터 난 자들이니라(요 1:13).

"우리 아버지가 목사인데요? 장로인데요?"라고 해봤자, 그것은 나의 구원과는 아무런 상관이 없습니다. 최초의 인간, 한 인간의 죄로 말미암아 원죄가 만들어졌고 이로 인한 우리의 모든 운명은 죽음이었습니다. 그런데 하나님이 우리를 사랑하셔서 우리의 운명을 바꿔주기 위해 하나밖에 없는 아들을 이 땅에 보내주셨으니, 그것이 성육신입니다. 그 방법이 바로 성령으로 잉태하사 동정녀 마리아에게서 나시는 것이었습니다.

성경은 이 모든 것을 이렇게 정리해 줍니다.

한 사람의 범죄로 말미암아 사망이 그 한 사람을 통하여 왕 노릇 하였은즉 더욱 은혜와 의의 선물을 넘치게 받는 자들은 한 분 예수 그리스도를 통하여 생명 안에서 왕 노릇 하리로다 그런즉 한 범죄로 많은 사람이 정죄에 이른 것같이 한 의로운 행위로 말미암아 많은 사람이 의롭다 하심을 받아 생명에 이르렀느니라(롬 5:17-18).

예수님의 성육신과 동정녀 탄생은 온 인류를 구원하고자 하시는 하나님의 유일한 방법이었습니다. 죄 없는 하나님의 아들이 인간이 되신 이것을 믿을 때 우리는 구원을 얻게 됩니다.

시카고 개혁교회 방철섭 목사님이 설교 시간에 나눈 이야기입니다. 믿음이 없는 한 남자가 부인과 함께 성탄절 예배에 참석했습니다. 그날 목사님의 설교 주제는 예수님의 동정녀 탄생이었습니다. 옆에서 남자는 부인에게 이렇게 속삭였습니다.

"나는 하나님이 인간의 몸을 입고 이 땅에 오셨다는 것을 도저히 믿을 수 없어."

그런데 그가 예배를 마치고 집에 돌아왔을 때 마침 함박눈이 쏟아지고 있었습니다. 그리고 집 앞에는 몇 마리 새들이 추위에 떨면서 이리저리 몸을 움츠리고 있었습니다. 새들은 눈에 날개가 젖어 날아가지 못할 정도로 힘이 없어 보였습니다.

남자는 가엾은 새들을 도와주고 싶어서 집에서 먹이를 가져와 새들에게 다가갔습니다. 그러나 새들은 놀라 모두 이리저리 피했습니다. 남자는 계속 가까이 가며 "새들아 두려워하지 마. 나는 너희를 도와주려고 그래"라고 했지만, 새들은 여전히 도망가기만 했습니다. 안타까웠던 그는 생각했습니다.

"내가 새라면, 새들과 말을 할 수 있다면…….''

그 순간에 그는 성육신의 진리를 깨달았습니다.

"아, 내 마음을 새들에게 전달하려면 내가 새가 되는 수밖에 없겠구나."

이처럼 하나님의 마음을 전달하기 위해 하나님이 인간이 되신 그것이 바로 성육신입니다. 하나님이 우리 인간을 구원하시기 위한 방법은 자기 아들이 인간이 되는 것밖에 없었습니다. 죄 없는 하나님이 우리를 구원하시기 위해 이 땅에 오신 그 모습이 '성령으로 잉태하사 동정녀 마리아에게 나신 것'입니다.

예수 그리스도께서 육체로 오신 것을 시인하는 영마다 하나님께 속한 것이요(요일 4:2).

우리가 기억해야 할 것은 이 모든 것은 다른 사람이 아닌, 나 한 명을 살리고자 노력하신 하나님의 역사라는 것입니다. 나를 구원하기 위한 하나님의 엄청난 프로젝트인 것입니다.

'이는 성령으로 잉태하사 동정녀 마리아에게 나시고'라는 구절은 우리를 구원하시고자 하는 하나님의 엄청난 사랑을 뜻합니다.

'하나님이 나 한 명을 얼마나 사랑하셨으면, 나 한 명을 얼마나 구원하길 원하셨으면…….'

이제부터 사도신경을 고백할 때마다 우리가 이런 마음을 갖길 원합니다.

제4장

본디오 빌라도에게
고난을 받으심을 믿습니다

(요 19:12-16)

이러하므로 빌라도가 예수를 놓으려고 힘썼으나
유대인들이 소리 질러 이르되 이 사람을 놓으면 가이사의 충신이
아니니이다 무릇 자기를 왕이라 하는 자는 가이사를 반역하는
것이니이다 빌라도가 이 말을 듣고 예수를 끌고 나가서
돌을 깐 뜰(히브리 말로 가바다)에 있는 재판석에 앉아 있더라
이 날은 유월절의 준비일이요 때는 제육시라 빌라도가 유대인들에게 이르되
보라 너희 왕이로다 그들이 소리 지르되 없이 하소서 없이 하소서
그를 십자가에 못 박게 하소서 빌라도가 이르되 내가 너희 왕을
십자가에 못 박으랴 대제사장들이 대답하되 가이사 외에는
우리에게 왕이 없나이다 하니 이에 예수를 십자가에 못 박도록
그들에게 넘겨 주니라(요 19:12-16).

체코 프라하에 가면 전 세계에서 가장 아름다운 다리라 불리는 다리가 있습니다. 보헤미아 왕이자 신성로마제국의 황제였던 카를 4세(Charles IV)가 만든 카를교입니다. 세상에서 가장 낭만적이고 아름다운 돌다리인데, 다리 중간에 가 보면 예수상이 있습니다. 원래는 목재로 세워졌다가 부서져서 지금은 석상으로 만들어져 있습니다. 매우 유명한 장소인만큼 수많은 관광객이 여기서 사진을 찍습니다. 그들의 얼굴을 보면 하나같이 행복해 보입니다. 세상에서 가장 멋진 다리이자 명소이니 그럴 것입니다. 하지만 제 안에는 불편한 마음이 찾아왔습니다.

'과연 저 사람들은 저 십자가 석상의 의미를 알고 사진을 찍는 걸까? 십자가에서 죽으신 예수님의 죽음의 의미를 알고 있을까?'

미국 유학 시절에 감명 깊게 봤던 영화가 하나 있는데, 〈패션 오브 크라이스트〉입니다. 여러분 중에도 아마 많은 분이 보셨을 겁니다. 예수님의 고난과 십자가에 대한 영화인데, 미국에서 개봉했을 때 대(大)흥행을 했습니다. 저도 극장에서 관람했는데, 그때 수많은 관객의 모습을 보았습니다. 그들은 여느 때와 동일하게 팝콘을 사 들고 웃으면서 극장에 들어갔고, 아무런 느낌 없이 영화를 보고 나왔습니다. 그 사람들의 모습에 저는 충격을 받았습니다.

'저들은 영화 속 예수님의 고난과 죽음의 의미를 알고 있을까?'

요즘 십자가 목걸이를 액세서리로 많이 착용하고 있습니다. 과연 그들은 예수님의 십자가의 의미를 알고 있을까요?

"본디오 빌라도에게 고난을 받으사 십자가에 못 박혀 죽으시고"

여러분은 이 고백의 의미를 얼마나 알고 계신가요? 매우 중요한 이 신앙고백에 담긴 의미를 한번 살펴보겠습니다.

1. 왜 본디오 빌라도가 등장할까?

사도신경에는 두 사람의 이름이 등장합니다. 한 사람은 예수님의 어머니 마리아이고 다른 한 사람은 빌라도입니다. 빌라도는 예수님의 고난의 주체로, 사도신경에 등장하기 좋은 인물은 아닙니다. 우리는 사도신경을 암송할 때마다 '빌라도 이 나쁜 놈, 나쁜 놈' 충분히 이렇게 생각될 것입니다. 그렇다면 우리가 먼저 살펴야 할 것은 '**과연 빌라도가 무슨 짓을 했기에 예수님의 고난을 이야기할 때 꼭 등장할까?**'입니다.

여러분, 성경을 자세히 읽어보세요. 특히 요한복음 19장을 보면 빌라도는 예수님을 죽이려 한 사람이 아니라 오히려 석방하려고 노력한 사람입니다. 사람들이 예수님을 십자가에 못 박아 죽이라고 소리 지를 때, 빌라도는 "나는 그에게서 죄를 찾지 못하였노라"(요 19:6)라고 했고, 심지어 빌라도의 부인은 예수님을 옳은 사람이라고 하면서 이 일에 상관하지 말라고도 했습니다. 빌라도는 마지막까지 "이 사람의 피에 대하여 나는 무죄하니 너희가 당하라"(마 27:24)라고 말하며 예수님을 무죄한 사람이라고 생각했습니다. 물론 그의 가장 큰 잘못과 실수는 여론의 등쌀에 못 이겨 결국 예수님에게 사형을 선고한 것입니다. 이것이 그의 가장 큰 죄이고 잘못입니다. 그렇지만 막상 성경을 읽어보면, 우리가 생각한 것처럼 빌라도가 '정말 악하다, 나쁘다, 쳐 죽여야 할 놈이다'라는 느낌을 받지는 못합니다.

우리는 사도신경의 **'본디오 빌라도에게 고난을 받으사'**라는 부분을 다시 살펴봐야 합니다. 사도신경의 원어인 라틴어를 직역하면 '본디오 빌라도 아래서 고난을 받아'라는 의미입니다. 예수님이 당시 빌라도 치하에서 고난을 받으셨다는 뜻입니다.

왜 굳이 빌라도의 이름이 언급되고 있을까?

앨버트 몰러는 『오늘 나에게 왜 사도신경인가?』에서 빌라도의 이름이 사도신경에 언급된 것은 그의 이름이 예수님 죽음의 역사성을 띠고 있기 때문이라고 했습니다. 빌라도는 A.D. 26-36년 로마에서 임명받은 유대 지역의 총독이었습니다. 빌라도가 실존 인물이라는 것에 반대하는 사람은 아무도 없습니다. 1961년에 지중해변의 카이사레아에 있는 로마 시대의 반원형 야외극장에서 본디오 빌라도의 이름이 포함된 라틴어 명각이 발견되었습니다. 또한 헤롯의 무덤에서 반지가 발견되었는데, 거기에도 빌라도의 이름이 적혀 있었습니다. 당시 '빌라도'라는 이름은 흔한 이름이 아니었습니다. 로마 황제의 임명을 받아 유대를 관할하며 통치했던 총독 빌라도는 실존 인물이었고, 예수님이 총독이 관할하는 법정에 출두하셨다는 것은 당시 사람이라면 모두가 아는 사건이었습니다. 매우 유명한 공적 사건이라는 것입니다. 예수님의 십자가 처형과 죽음은 누가 임의로 만들어 조작한 사건이 아닌, 역사 속에서 존재했고 모두가 인정하는 실제입니다. 이것을 강조하기 위해서 사도신경에 빌라도의 이름을 넣은 것입니다.

그렇다면 사도신경은 왜 이렇게까지 예수님에 관해 정확한 역사적 사실로 접근하고 있을까요? 바로 이단들 때문입니다. 초대 교회의 대표적인 이단으로 영지주의가 있었는데, 이들은 영은 거룩하고 육은 더럽다고 주장했습니다. 그래서 영이신 하나님이 더러운 육체로 오실 수 없다고 했습니다. 그러면 이 땅에서 제자들이 본 예수님의 모습은 무엇일까요? 그것은 일종의 환상이라는 것입니다. 실제로 예수님은 십자가에 못 박혀 죽지 않으셨는데, 사람들이 환상으로 체험했다는 것이죠. 이것을 '가현설'이라고 합니다. 그러나 세상의 역사도 예수님의 죽음을 분명한 사실로 말합니다.

우리나라에도 이단이 참 많습니다. 이단을 따르는 사람이 개신교 인구 중에서 8%라고 할 정도인데, 거의 60만 명이 이단이라고 합니다. 신천지, 하나님의교회, 여성도 강간으로 감옥에 있는 JMS 정명석, 제가 섬기고 있는 청암교회 밑에 있는 효정유스센터 이름으로 돼있는 통일교 등입니다. 이런 곳들의 공통된 특징은 갑자기 만들어진 종교라는 것입니다. 갑자기 교주가 튀어나옵니다. 그들은 종교의 역사성이라는 것이 없습니다. 기독교 역사 속에서 수많은 이단이 튀어나왔다가 다 사라지고 또 만들어졌습니다.

그들의 신앙은 매우 음성적입니다. 신앙은 숨겨서 믿는 것이 아닙니다. 비밀스럽지 않습니다. 우리가 고백하는 믿음은 누구 앞에서도 정정당당한 진리입니다. 2천 년 전에 실존했던 빌라도의 이름이 신앙고백에 들어갈 정도로 결코 흔들리지 않는 정확성이 있다는 것입니다. 사도신경은 빌라도의 이름을 통해 역사적 배경이 있음을 분명히 하고 있습니다.

예수님이 받으신 고난이 무엇인가?

예수님은 본디오 빌라도에게 고난을 받으셨는데, 여기서 말하는 고난은 십자가의 죽음을 의미합니다. 그래서 예수님의 고난을 이야기하면 십자가만 생각하는 경향이 있습니다. 그러나 성경 전체를 보면 예수님의 고난의 의미는 훨씬 더 큽니다.

우리는 예수님이 받은 고난이 무엇인지 알 필요가 있습니다. 사실 예수님의 생애 전체가 고난이었습니다. 누군가가 영국의 어떤 묘지에 갔다가, '이 세상에서 가장 슬픈 자'라는 비문을 보았다고 합니다. 그러나 실제로 세상에서 가장 슬펐던 사람은 예수님입니다. 하나님이 인간이 되신 것 자체가 고난이었습니다. 죄가 없으신 분이 죄인들 사이에 사시는 것부터가 고난이었습니다. 태어날 때 마구간에서 비천하게 출생하신 것이 고난이었고, 헤롯왕이 죽이려고 해서 이집트로 피난 가신 것이 고난이었습니다. 공생애 사역 기간 동안 종교 지도자들이 계속 죽이려고 했던 것이 고난이었고, 마지막에 온 인류의 죄를 대신 짊어지고 십자가에서 죽으심이 주님의 고난의 최고점이었습니다. 예수님의 생애 전체가 고난이었습니다. 선지자 이사야가 예수님을 고난의 종으로 묘사할 정도였으니 말입니다.

2. 예수님이 고난 받으신 이유는 무엇인가?

① 우리를 사랑하시기 때문에

우리가 아직 죄인 되었을 때에 그리스도께서 우리를 위하여 죽으심으로 하나님께서 우리에 대한 자기의 사랑을 확증하셨느니라(롬 5:8).

원래 우리의 운명은 죄로 인해 죽는 것이었습니다. 죄의 삯은 사망이요 죄의 결과는 죽음이기 때문이죠. 예수님은 우리의 허물과 죄 때문에 우리를 대신해서 죽으신 것입니다. 이사야서는 예수님의 고난에 대해서 700년 전에 미리 이렇게 예언했습니다.

그가 찔림은 우리의 허물 때문이요 그가 상함은 우리의 죄악 때문이라 그가 징계를 받음으로 우리는 평화를 누리고 그가 채찍에 맞음으로 우리는 나음을 받았도다(사 53:4).

예수님의 고난의 이유가 분명히 나와 있습니다. 우리의 허물, 우리의 죄 때문이라는 것입니다. 우리 때문에 고통당하신 것입니다.

예전에 어떤 책에서 읽은 내용입니다. 부모님이 일찍 돌아가시고, 형제가 서로 의지하면서 살고 있었습니다. 형은 공부도 잘했고, 좋은 직장에 취직해서 형의 역할을 잘 했습니다. 그런데 동생은 매일 만화방에서 만화나 보며 어영부영 살았습니다. 그러던 어느 날, 동생은 어디서 무엇을 하는지 집에 들어오지 않고 형만 잠들어 있었습니다. 깊은 새벽, 동생이 방에 들어오더니 다급하게 형을 흔들어 깨웠습니다. "형, 어떡해. 형!" 일어나 보니 동생의 몰골은 말이 아니었고, 온몸이 피로 젖어 있었습니다. 동생이 만화방에서 다른 사람과 시비가 붙어 상대방을 칼로 찔러 죽인 것입니다. 집으로 도망쳐 온 동생을 보고 그 순간 형은 동생의 옷을 벗겼습니다. 그리고 자신이 대신해서 그 옷을 입었습니다. "너 절대로 아무한테도 말하면 안 돼. 네가 죽였다고 하면 안 돼" 하고 동생에게 단단히 말합니다. 잠시 후 집으로 찾아온 경찰은 피범벅이 된 옷을 입고 있던 형을 끌고 갔고, 결국 형은 사형을 받아 죽게 되었습니다. 형이 동생을 대신해서 죽은 것입니다. 왜 그랬을까요? 하나밖에 없는 동생을 살리고 싶어서입니다.

죄 없으신 예수님이 십자가에서 죽으심은 바로 우리를 대신해 죽으신 것입니다. 우리의 죄를 사하시기 위해서입니다. 이것은 우리를 너무나도 사랑하신 주님의 행동인 것입니다.

그가 우리 죄를 없애려고 나타나신 것을 너희가 아나니 그에게는 죄가 없느니라(요일 3:5).

로마 시대의 십자가형은 매우 잔인한 사형 제도였습니다. 그래서 로마 시민권자들에게는 행하지 않았습니다. 사람을 무지막지하게 때리고 두 팔과 다리에 못을 박아 십자가에 세운 다음에, 피가 다 소진되어서 죽게끔 했습니다. 또한 성경에 보면, 십자가에 매달려 죽는 것은 저주를 뜻한다고 나와 있습니다.

나무에 달린 자는 하나님께 저주를 받았음이니라(신 21:23).

우리의 저주를 대신해서 예수님이 십자가를 짊어지신 것입니다.

예수님은 우리를 너무나도 사랑하셔서, 우리의 모든 죄를 사해 주시기 위해 십자가에서 우리 대신 고난을 받으셨습니다.

② 우리를 화목케 하기 위해서

그리스도 예수 안에 있는 속량으로 말미암아 하나님의 은혜로 값 없이 의롭다 하심을 얻은 자 되었느니라 이 예수를 하나님이 그의 피로써 믿음으로 말미암는 화목제물로 세우셨으니 이는 하나님께서 길이 참으시는 중에 전에 지은 죄를 간과하심으로 자기의 의로우심을 나타내려 하심이니(롬 3:24-25).

성경은 예수님의 십자가의 죽음으로 인해서 우리가 화목하게 되었다고 말씀하고 있습니다. 화목은 화평, 평안을 뜻합니다. 구약에서는 사람이 죄를 지으면 하나님과 사람 사이가 멀어진다고 말합니다. 즉 화목이 깨지게 됩니다. 그래서 사람을 대신해 짐승을 죽여 화목제물로 삼았고, 화목제를 통해 하나님과 인간의 관계가 다시 회복되었습니다. 예수님이 이러한 화목제물로 이 땅에 오셨습니다.

그는 우리 죄를 위한 화목 제물이니 우리만 위할 뿐 아니요 온 세상의 죄를 위하심이라(요일 2:2).

구약에서 양이 우리와 하나님 사이의 화목제물로 바쳐졌듯이, 예수님이 오셔서 어린양으로 바쳐지셨습니다. 그리고 우리의 죄의 문제가 해결되었고, 우리는 하나님과 화목과 화평을 누리게 되었습니다.

화목, 화평, 평화가 얼마나 좋은 것인가요? 얼마 전에 이스라엘과 팔레스타인 간의 전쟁에서 가자 지구 휴전을 하게 되었습니다. 이 전쟁으로 가자 지구에서 4만 명 이상이 죽었는데, 사상자 중에 1/3이 아이들이었습니다. 휴전은 더 이상 사람을 죽이지 말고 포로를 교환하면서 전쟁을 중단하자는 것입니다. 이것이 화목, 평화입니다. 우리나라도 정치권을 보면 매일 싸우고 있습니다. 정치인들과 여야가 싸우는 것이 좋습니까, 하나가 되는 것이 좋습니까? 진보와 보수가 갈라져서 서로 물어뜯는 것이 좋습니까, 하나가 되는 것이 좋습니까? 화목이 좋은 건 당연합니다. 그런데 이게 쉽지 않습니다. 왜요? 우리가 죄인이기 때문입니다. 우리는 매우 이기적인 죄인들입니다. 저를 포함한 모두가 마찬가지입니다.

부부도 보면 연애 때는 서로 그렇게 좋아서 결혼했지만, 살다 보면 다투기도 하고 갈라서기도 합니다. 우리가 죄인이기 때문입니다. 어떤 부부가 서로 맨날 싸우고 티격태격 사는데, TV에서 배우 최수종, 하희라 잉꼬 부부의 생활이 나왔다고 합니다. 최수종 하희라 부부는 결혼 32년 차인데, 지금도 서로 존댓말을 하면서 지낸다고 합니다. TV를 보고 이 부부도 앞으로 서로 존댓말을 해보기로 다짐했습니다.

"올해는 새로운 각오로 살아보자!"

그래서 남편이 만약 다짐을 어기면 벌금 10만 원을 내자고 했답니다. 그랬더니 부인이 "무슨 10만 원이야. 50만 원 정도는 돼야지"라고 했고, 결국 100만 원으로 결정됐다고 합니다. 그런데 문제는 서로 자존심이 있어서, 절대 먼저 존댓말이 안 나오더라는 것입니다. 그래서 결국 그 부부는 세 달째, 아무런 대화를 안 하고 살고 있다고 합니다. 부부간의 화평도 쉽지 않습니다.

예수님은 우리의 죄를 없애주시기 위해서, 십자가에서 대신 죽으셨습니다. 우리 안에 있는 죄의 문제가 해결되면 우리는 평안합니다. 화목합니다. 교회에 처음 등록하신 분들을 심방해 보면, 많은 분이 교회에 오면 마음이 평안하다고 합니다. 왜 그럴까요? 하나님의 은혜가 내 안에 있는 죄를 쫓아내기 때문입니다. 예수님의 십자가 죽음은 우리를 평안하고 화목케 하기 위함입니다.

예수님의 고난에 대한 이해

이러한 예수님의 고난을 지금 현대를 살고 있는 우리가 어떻게 받아들이고 이해하면 좋을까요? 2천 년 전에 겪으신 예수님의 고난을, 21세기를 살고 있는 우리가 어떻게 받아들여야 할까요?

성경에 보면, 여러 구절에서 주님의 고난을 대하는 우리의 자세에 대해 언급하고 있습니다.

우리가 그와 함께 영광을 받기 위하여 고난도 함께 받아야 할 것이니라(롬 8:17).

너희가 고난에 참여하는 자가 된 것 같이(고후 1:7).

그를 위하여 고난도 받게 하려 하심이라(빌 1:29).

그 나라를 위하여 너희가 또한 고난을 받느니라(살후 1:5).

오히려 너희가 그리스도의 고난에 참여하는 것으로 즐거워하라 이는 그의 영광을 나타내실 때에 너희로 즐거워하고 기뻐하게 하려 함이라(벧전 4:13).

이 내용을 모두 함축하면, 다음 내용과 같이 됩니다.

3. 예수님의 고난에 참여하라

'예수님의 고난에 참여하라!'는 말이 과연 무슨 뜻일까요? 우리도 예수님처럼 십자가도 져보고, 육체적 고난을 일부러 당해봐야 할까요? 몸에 못도 박아봐야 할까요? 어렸을 때 공사판을 지나가다가 나무에 박힌 못을 밟은 적이 있었는데, 그 못이 운동화를 뚫고 제 발바닥에 박혔습니다. 너무 아팠습니다. 혼자 뽑을 수 없을 정도로 깊이 들어가서 결국 동생에게 부탁해 못을 뺀 적이 있습니다. 예수님의 고난에 동참하는 것이 이런 것을 의미할까요?

아닙니다. 고난은 불교처럼 고행하는 것을 의미하지 않습니다. 예수님의 고난에 동참하라는 것은, 그 고난을 깊게 생각하라는 것입니다. 우리가 그냥 살아가는 것이 아니라 우리 삶 속에서 매일 예수님의 고난, 즉 예수님의 십자가를 깊게 묵상하면서 살라는 뜻입니다.

믿음의 주요 또 온전하게 하시는 이인 예수를 바라보자 그는 그 앞에 있는 기쁨을 위하여 십자가를 참으사 부끄러움을 개의치 아니하시더니 하나님 보좌 우편에 앉으셨느니라(히 12:2).

왜 예수님의 고난을 묵상합니까? 왜 예수님의 십자가를 생각하면서 살아갑니까? 우리가 예수님의 십자가를 생각하고 예수님의 고난을 생각할 때, 우리에게 닥치는 고난을 이길 수 있는 힘이 생기기 때문입니다. 우리의 인생은 고난의 연속입니다. 고난이 없는 사람은 아무도 없습니다. 이 책을 읽는 분들도 고난을 경험한 적이 있으셨죠? 지금도 고난 속에 있는 분이 계시죠? 만약 지금까지 고난을 겪은 적이 없다면, 여러분 미래에 한 번 이상은 고난이 찾아오게 되어 있습니다. 그러나 걱정하지 마십시오. 예수님의 고난을 묵상할 때, 닥쳐오는 고난을 이길 수 있는 힘이 생깁니다.

요즘 경기가 얼마나 안 좋습니까? 최근에 교인 심방을 하면서 그분들은 오히려 IMF 때가 형편이 훨씬 좋았다는 이야기를 들었습니다. 어떤 분들은 코로나19 때가 더 나았다고도 합니다. 다들 걱정이 큽니다. 세계 경제, 정치의 변화 등으로 우리나라에 어떠한 불이익이 올지 알 수가 없습니다. 지금도 어려운데, 앞으로 더 어렵다면 그건 상상하기도 싫을 정도입니다. 계속되는 고난이 우리에게 찾아온다면, 희망을 가질 근거가 전혀 없다면, 사람은 버틸 힘이 사라지게 됩니다.

작년 이맘때 접한 한 기사가 아직도 저의 마음 한편에서 지워지지 않습니다. 전북 익산의 한 주택에서 일가족 네 명이 생을 마감한 채 발견됐습니다. 극단적인 선택을 한 것이죠. 더 큰 충격이었던 것은 가장이 40대 목회자였다는 점이었습니다. 교회를 개척했는데 교인들이 모이지 않으니 너무 힘들었던 것입니다. 그래서 카페를 개업해 주중에는 카페 사장님으로 살고, 주일에는 목사로 살았습니다. 주변의 주민들에게 공짜로 커피도 주고 최선을 다했습니다. 하지만 코로나의 여파로 매출이 급격히 감소했고, 결국 대출 이자조차 감당할 수 없는 상황에 이르렀습니다. 앞으로 나아갈 희망을 찾지 못한 그는 결국 극단적인 선택을 하게 된 것입니다. 왜 오늘날 많은 이들이 이렇게 무너지고 좌절하는 걸까요? 그간 참고 또 참아왔는데 더 이상 버틸 힘이 없어서, 이제는 도무지 못 버틸 것 같아서 극단으로 가버립니다.

우리나라는 1년에 1만 4천 명에 가까운 사람들이 스스로 생을 마감하고 있습니다. 이는 OECD 국가 중 가장 높은 수치입니다.

눈부신 경제 성장을 이루어냈고, SNS 속 화려한 일상들을 보면 모두가 풍요로운 삶을 살고 있는 것처럼 보입니다. 하지만 그 이면에는 현실의 무게에 짓눌린 고통들이 있습니다. 겉으로 드러나는 성공과 화려함 뒤에 자신만의 어려움이 감당하기 어려울 만큼 크다고 느끼는 이들이 있습니다. 그들은 더 이상 버틸 힘을 찾지 못하고 극단적인 선택을 하게 된 것입니다.

지금 우리에게 필요한 것은 버틸 힘입니다. 우리 자녀들에게 필요한 것은 고난을 이길 수 있는 힘입니다. 여러분, 우리가 예수님의 고난과 십자가를 묵상할 때 고난을 이길 수 있는 힘이 생깁니다. 예수님이 십자가에서 나를 위해 저렇게 고난당하셨는데, 이 고난은 아무것도 아니라는 마음이 생기게 됩니다.

예수 믿는 것이 들통나면 즉시 죽는 상황에서 초대 교회 성도들이 그 고난을 어떻게 견딘 줄 아십니까? 예수님의 십자가였습니다. 매일 주님의 십자가를 묵상했던 이들에게는 죽음도 이길 수 있는 힘이 생겼던 것입니다. **여러분, 하루에 10분만이라도 예수님의 십자가를 묵상하십시오!** 놀라운 힘이 생깁니다. 버틸 수 있는 힘이 생기게 됩니다.

그가 시험을 받아 고난을 당하셨은즉 시험 받는 자들을 능히 도우실 수 있느니라(히 2:18).

히브리서 기자는 분명하게 말하고 있습니다. 주님이 우리를 친히 도우신다고요. 구약에서도 마찬가지입니다. 우리의 시선이 주님께 고정될 때, 주님만을 바라볼 때, 새 힘이 생기게 됩니다.

오직 여호와를 앙망하는 자는 새 힘을 얻으리니 독수리가 날개 치며 올라감 같을 것이요 달음박질하여도 곤비하지 아니하겠고 걸어가도 피곤하지 아니하리로다(사 40:31).

그렇기에 우리는 십자가를 바라봐야 합니다. 예수님의 고난을 묵상해야 합니다. 그때 어떠한 어려움이나 지금 겪고 있는 고통도 이길 수 있게 됩니다. 십자가를 생각하기만 해도 놀라운 변화가 일어납니다. 이것이 바로 우리에게 지금 예수님의 십자가 고난이 필요한 이유입니다.

지금 삶이 버겁게 느껴지십니까? 앞이 막막하십니까? 예수님의 십자가를 생각하십시오. 예수님의 고난을 묵상하십시오. 반드시 이길 힘을 얻을 줄 믿습니다.

제5장

죽은 자 가운데서 다시 살아나심을 믿습니다

(고전 15:12-19)

그리스도께서 죽은 자 가운데서 다시 살아나셨다 전파되었거늘
너희 중에서 어떤 사람들은 어찌하여 죽은 자 가운데서 부활이 없다 하느냐
만일 죽은 자의 부활이 없으면 그리스도도 다시 살아나지 못하셨으리라
그리스도께서 만일 다시 살아나지 못하셨으면 우리가 전파하는 것도 헛것이요
또 너희 믿음도 헛것이며 또 우리가 하나님의 거짓 증인으로 발견되리니
우리가 하나님이 그리스도를 다시 살리셨다고 증언하였음이라
만일 죽은 자가 다시 살아나는 일이 없으면 하나님이 그리스도를
다시 살리지 아니하셨으리라 만일 죽은 자가 다시 살아나는 일이 없으면
그리스도도 다시 살아나신 일이 없었을 터이요 그리스도께서 다시 살아나신
일이 없으면 너희의 믿음도 헛되고 너희가 여전히 죄 가운데 있을 것이요
또한 그리스도 안에서 잠자는 자도 망하였으리니
만일 그리스도 안에서 우리가 바라는 것이 다만 이 세상의 삶뿐이면
모든 사람 가운데 우리가 더욱 불쌍한 자이리라 (고전 15:12-19).

영문 버전의 사도신경과 한글로 된 사도신경을 보면 내용상에 차이가 있는 것을 볼 수 있습니다. 정확히 이야기하면 우리말의 사도신경에는 번역상 빠진 부분이 있습니다. 사도신경은 처음에 라틴어로 쓰였는데, 라틴어판과 영문판에는 있지만 우리말에는 생략된 구절입니다. 바로 'descendit ad inferos'라는 구절로, 영어로는 'descended into hell'입니다. '지옥에 내려가셨다'라는 뜻인데, 새 번역 사도신경을 보면 '장사 된 지'라는 부분에 이러한 주석이 있습니다.

"'장사되시어 지옥에 내려가신 지'가 공인된 원문에는 있으나 대다수의 본문에는 없다."

루이스 벌코프(Louis Berkhof)는 『조직신학』에서 말하길, 초기 신경에는 없었던 것인데 A.D. 390년경, 아퀼레이아 양식(Aquileian form)의 신경에서 '예수님이 지옥에 내려가셨다'라는 내용이 최초로 발견되었고, 그 이후부터 계속 등장하여 라틴어 사도신경 원문에도 있다고 주장합니다. 그래서 대부분 라틴어 원문에는 이른바 '예수님 지옥 강화설'이 존재했다고 알고 있습니다.

그렇다면 왜 우리나라 사도신경에는 빠져 있을까요? 손재익 목사님에 의하면, 처음에는 우리나라 사도신경에도 이 구절이 있었다고 합니다. 장로교에서는 이 내용을 넣어서 사도신경을 고백했어요. 그런데 감리교 창시자 존 웨슬리(John Wesley)가 감리교 신조를 작성하면서 이 부분을 생략합니다. 굳이 신앙고백에 들어가기에 불필요하다고 본 것입니다.

그런 다음 우리나라에서 1908년에 장로교와 감리교가 합동으로 성경과 찬송을 만들게 되면서 사도신경, 주기도문, 십계명을 성경 앞뒤에 넣게 됩니다. 이때 사도신경에 대해 두 교단 사이에 입장 차이가 발생합니다. 장로교는 원래 있던 대로 예수님이 지옥에 가셨다는 내용을 넣자고 했고 감리교는 빼자는 입장이었는데, 장로교가 양보를 합니다. 그래서 우리 사도신경에는 예수님이 지옥에 가신 부분이 빠져 있습니다. 신학적으로 그렇게 중요하지는 않다고 본 것이죠.

하지만 사도신경을 강해하는 입장에서 저는 원래 있는 내용을 짚고 넘어가야 한다는 생각이 들었습니다. 그래서 이번 장은 '예수님의 음부 강화설', 즉 예수님이 지옥에 내려가셨다는 내용부터 시작하려고 합니다.

1. '음부에 내려갔으며'에 대한 해석

'예수님이 지옥에 가셨다고?' 아마 많은 분이 처음 들어보셨을 것입니다. 예수님이 죽으시고 장사되어 3일 동안 육체가 죽음의 상태 가운데 있었다는 것은 다 아는 사실입니다. 그렇다면 이때 '예수님의 영혼은 어디에 있었을까?'라는 궁금증이 듭니다. 그래서 나오게 된 것이 이때 예수님이 음부, 곧 지옥에 가셨다는 해석입니다. 특히 베드로전서 3장 19절에 **"그가 또한 영으로 가서 옥에 있는 영들에게 선포하시니라"**라고 말하기 때문에 '예수님이 지옥에 가시지 않았는가?' 하는 의구심이 생깁니다. 이를 잘 이해하기 위해서는 기존의 여러 가지 해석을 살펴볼 필요가 있습니다.

① 로마 가톨릭의 해석: 한국 천주교의 '저승에 가시어'로 번역

천주교에는 개신교에 없는 연옥 교리가 있습니다. 연옥은 천국과 지옥의 중간 지점입니다. 교회에 보면 성도들 중에 구원의 확신이 안 보이는 분들이 있습니다. 교회에 나오시기는 하지만 열심은 없습니다. 그런데 그분이 돌아가셨다고 가정해 봅시다. 그 영혼이 어디로 갔을지 궁금하잖아요? 그래서 천주교에서는 신앙이 어설픈 사람들이 천국과 지옥의 중간인 연옥에 간다고 주장합니다. 연옥에서 영혼이 깨끗해지면 천국에 갈 수 있다는 것이죠.

또한 연옥 말고, 천국과 지옥도 아닌 제3의 중간 지점으로 림보라는 것이 있습니다. 림보 중에 선조 림보가 있는데, 구약의 성도들이 죽어서 구원을 기다리고 있는 장소가 선조 림보입니다. 다른 말로 고성소(古聖所)라고 합니다. 천주교에서는 예수님의 영혼이 죽어서 가신 저승이 바로 선조 림보, 고성소라고 해석합니다.

박도식 신부님은 〈가톨릭 신문〉에서 예수님이 구약의 성도들에게 십자가 신앙을 주셨고, 그들을 해방시켜 천국으로 인도하셔서 이제 고성소가 없어졌다고 말합니다.

여러분, 그럴싸하게 느껴지십니까? 성경을 조금 아는 분들은 이 해석에 결코 동의하지 못할 것입니다. 성경 어디에 연옥이 나오고 림보가 나옵니까? 모두 인간의 생각에서 기인한 해석인 것입니다.

② **제2기회설**

이것은 예수님이 죽으신 후 영혼이 실제로 지옥에 가서 그곳에 있는 백성들에게 복음을 선포하셨고, 그들에게 구원받을 수 있는 기회를 다시 한번 제공하셨다는 해석으로, 18세기 영국의 신학자 필립 에드워드 휴즈(Philip Edward Hughes)가 주장했습니다. 예수님이 "지금이라도 나 예수를 믿으면 천국에 갈 수 있으니 죄를 회개하고 나를 믿어라"라고 하셨다는 것입니다. 어떻게 생각되십니까? 좋아 보이지 않나요? 다시 한번 구원의 기회를 주시는 주님의 모습, 듣기에는 좋아 보일 것입니다. 그러나 이것은 성경의 내용과 완전히 대조됩니다.

한번 죽는 것은 사람에게 정해진 것이요 그 후에는 심판이 있으리니(히 9:27).

이 구절을 근거로 했을 때 우리는 죽은 자에게 다시 구원의 기회가 결코 주어질 수 없다는 것을 알 수 있습니다. 구원에는 딱 한 번의 기회밖에 없습니다. 그래서 오늘 잘 믿어야 합니다.

③ 루터파 해석

루터파 해석의 바탕은 분명 예수님이 음부에 내려가셨다는 것입니다. 그리고 부활하기 전까지 거기 계셨다고 합니다. 하지만 예수님이 지옥에 가서 그들을 구원하신 것이 아니라, 사탄과 흑암의 세력에게 자신의 승리를 선포하셨다고 합니다. 이게 루터파의 주장입니다. 이것도 나름 그럴싸해 보이지만, 중요한 것은 마찬가지로 성경적 근거가 전혀 없다는 사실입니다.

④ 개혁파 해석

개혁파의 시각은 '음부에 내려가사', 이 부분을 실제로 예수님이 지옥에 가셨다고 해석하기보다는 비유로 봐야 한다는 것입니다. 음부에 내려가셨다는 표현은 예수님이 당한 고통을 설명해 주기 위해서, 예수님이 지옥에 간 것만큼 끔찍한 고통을 당하셨다는 것을 말하는 것입니다. 겟세마네와 십자가상에서 겪으신 말로 표현할 수 없는 고뇌와 고통에 대한 묘사라는 것입니다.

실제로 음부라는 단어 자체가 원어로 죽음, 무덤, 지옥, 지옥의 고통 등 다양한 해석이 가능합니다. 무조건 지옥이라 단정지어 해석할 수 없습니다. 그래서 우리가 받아들이고 있는 개혁파의 해석은 '음부에 내려가사'라는 표현을 지옥의 고통으로 봅니다.

특히 개혁파 교리의 근간을 이루는 웨스트민스터 대요리문답과 하이델베르크 교리문답에서 이 부분을 분명히 해석하고 있습니다. 예수님이 당하신 십자가의 고통은 지옥의 고통이고, 예수님의 죽으심은 지옥 고통의 죽음이었습니다. 거기에 무게를 싣기 위해서 지옥에 가셨다고 묘사한 것입니다. 예수님의 죽음의 고통을 강조하기 위해서, '음부로 내려갔다'라는 표현을 넣었다는 것이죠.

따라서 이렇게 정리할 수 있습니다. 예수님은 우리의 죄와 허물 때문에 십자가에서 죽으셨습니다. 그 죽음은 지옥의 고통과 동일한 것이었습니다.

그렇다면 사도신경에서는 왜 이렇게까지 예수님의 죽음을 강조할까요? 그다음에 있을 부활을 강조하기 위해서입니다. 죽음이 있으니까 부활이 가능한 것이죠. 예수님이 죽으시고 그것으로 끝나 버리면, 우리는 기독교를 믿을 필요가 없습니다. 예수님의 죽음과 부활은 한 세트로 움직입니다. 예수님의 부활이 얼마나 중요한지 아십니까?

그리스도께서 만일 다시 살아나지 못하셨으면 우리가 전파하는 것도 헛것이요 또 너희 믿음도 헛것이며(고전 15:14).

예수님의 부활이 없다면 우리는 선교나 전도를 할 필요도 없고, 우리의 믿음도 다 헛것입니다. 우리의 믿음, 우리의 신앙에서 가장 중요한 것은 부활입니다. 여러분은 예수님의 부활을 믿으십니까? 정말로 믿으시나요? 문제는 믿지 않는 사람들이 있다는 것입니다. 세상 사람들은 절대 믿지 않죠!

『삶에서 은혜 받는 사도신경』을 보면 이런 이야기가 나옵니다. 채경락 목사님이 십수 년 만에 고교 동창을 만났는데, 허물없이 대화하다가 그 친구가 물었다고 합니다.

"채 목사, 너도 예수가 부활했다는 건 안 믿지? 목사니까 믿는다고 하지 말고 솔직히 나한테만 말해 봐. 넌 자연과학을 전공한 사람이잖아?"

채경락 목사님이 서울대학교에서 과학을 전공했기 때문이었습니다. 이렇게 세상 사람들은 예수님의 부활을 결코 믿지 않습니다. 말이 안 된다고 말합니다. 그런데 더 큰 문제는 교회 성도들 가운데서도 부활을 믿지 못하는 이들이 있다는 것입니다. 이것이 고린도교회의 실상이었습니다. 왜 교인 중에도 부활을 믿지 못하는 사람들이 있을까요? 자신의 머리로 이해가 안 되니까요. 그러나 신앙은 머리로 믿는 것이 아닙니다. **"태초에 하나님이 천지를**

창조하시니라"(창 1:1)라는 말씀이 믿어지지 않으면, 다른 것도 믿어지지 않습니다.

상식이나 과학으로 보면 어떻게 죽은 사람이 다시 살아나겠습니까? 말도 안 되죠. 에콰도르에서 70대 여성의 장례식을 치르고 있었는데, 관에서 자꾸 누가 두드리는 소리가 났다고 합니다. 너무 이상해서 관을 열어봤더니, 고인이 살아 있는 것 아닙니까? 그래서 장례식을 중단하고 병원으로 옮겼습니다. 그런데 일주일 만에 여성은 다시 죽었고 다시 장례식을 했습니다. 이 정도는 가능하겠죠. 우리의 상식은 딱 이 정도입니다.

우리 신앙에서 가장 중요한 것이 부활인데, 부활을 믿지 못한 자들은 초대 교회 때부터 있었습니다. 그래서 교회는 끊임없이 부활에 대한 공격을 받았습니다. 유진소 목사님은 『나는 믿는다』에서 초대 교회에도 있었던 부활에 대한 공격을 네 가지로 정리합니다.

2. 부활에 대한 공격들

① 기절설

기절설은 실은 예수님이 십자가에서 죽지 않으셨다는 것입니다. 잠깐 기절해 있다가 다시 내려와서 살아났다는 가설이죠. 원래부터 죽지 않았다는 해석입니다.

그러나 여러분, 십자가 처형에서 기절은 불가능합니다. 생각해 보세요. 사람이 못에 박혔습니다. 피를 다 쏟았고, 창으로 옆구리까지 찔러서 죽음을 확인했습니다. 의사였던 누가는 정확히 '예수님의 시체'라는 표현을 사용했습니다.

② 혼동설

새벽에 막달라 마리아와 다른 여인들이 예수님의 무덤을 찾아갔습니다. 그런데 무덤 문이 열려 있고 그 안은 빈 무덤으로 발견되었습니다. 혼동설은 이를 두고 여인들이 무덤을 잘못 찾아갔다고 주장합니다. 그런데 예수님의 무덤은 공동묘지가 아니라 개인 묘지였습니다. 때문에 잘못 찾을 가능성이 전혀 없습니다.

③ 도난설

도난설은 예수님이 죽은 다음에 제자들이 시체를 훔쳐가 놓고 부활하셨다고 거짓말을 했다는 것입니다. 가장 일리가 있어 보이죠. 실제로 마태복음 28장에 보면, 대제사장과 장로들이 도난설을 가짜 뉴스로 만들어서 퍼뜨렸습니다. 그 당시에도 가짜 뉴스가 있었습니다. 그러나 예수님의 시체는 3일 동안 로마 군인에게 철통감시를 당했습니다. 그리고 예수님의 시신을 훔쳐 가려면 통째로 가져가야 하는데, 성경을 보면 시신을 싸고 있던 세마포와 머리의 수건은 무덤에 그대로 있었다고 하니 이 주장도 말이 안 됩니다.

④ **환상설**

예수님의 죽음에 대해서 제자들이 죄책감에 시달리다가, 예수님이 너무 보고 싶어서 환상을 봤다는 내용입니다. 그런데 환상이 동시에 수백 명에게 임할 수 있습니까? 이 주장도 말이 안 됩니다.

3. 왜 사람들이 부활을 믿지 못할까?

아마 대다수는 부활 사건이 이성과 논리로는 설명할 수 없으니까 믿지 않을 것입니다. 하지만 우리는 삶 속에서 믿기 어렵고 불가능한 일도 나와 관계가 있을 때는 믿고 싶어 합니다.

예를 들어 어떤 못생기고 인기 없는 형제가 교회에서 정말 예쁜 자매를 짝사랑하고 있습니다. 그 자매가 자기를 좋아하지 않으리라는 사실은 형제도 압니다. 인기가 정말 많은 자매거든요. 그런데 하루는 그 자매가 자기를 좋아한다는 소문이 들립니다. 상식적으로는 말이 안 되지만 이 형제는 믿기 시작합니다. 나와 직접 연관된 중요한 일이 생기면 논리나 이성이나 과학이 필요 없습니다. 부활도 마찬가지입니다. 부활 사건이 나에게 매우 중요하다고 믿어지는 사람에게는 논리나 과학이 전혀 중요하지 않게 됩니다.

〈지금 만나러 갑니다〉라는 영화를 보면, 남녀 주인공이 사랑에 빠져 결혼합니다. 아들도 한 명 낳고 행복하게 살다가 여주인공이

병으로 죽습니다. 그런데 비 오는 어느 날, 여주인공이 부활해서 가족을 찾아옵니다. 말도 안 되지만 영화를 보는 사람은 그 순간 모두 감동을 받습니다. 여주인공은 꼭 부활해야 하거든요. 왜요? 예쁘니까요! 여주인공이 죽으면 안 됩니다. 영화를 관람하는 남성들은 자기가 그 순간 남주인공이 되어 내 아내이자 내 아들의 엄마인 한 여자의 부활을 기다립니다. 영화를 보면서 "말도 안 되는 내용을 영화로 만들었네. 죽은 사람이 어떻게 살아나?"라고 말하는 사람은 한 명도 없습니다. 영화 장면에 몰입해서 나와 상관이 있다고 생각하기 때문입니다.

왜 사람들이 부활을 안 믿습니까? 그들이 안 믿는 가장 중요한 이유는 자신과 상관이 없다고 생각하기 때문입니다. 2천 년 전에 일어난 부활 사건이 지금 자신과 무슨 상관이냐고 묻습니다. 정말 예수님의 부활이 나와 아무 상관이 없을까요?

4. 우리 인생에서 너무 중요한 부활 사건

부활은 지금을 사는 우리와도 깊은 연관이 있습니다. 부활 사건은 지금도 너무나 중요합니다. 왜 그럴까요?

우리를 의롭다 하시기 위하여 살아나셨느니라 (롬 4:25).

의롭다는 것은 죄를 용서했다는 것입니다. 우리의 죄를 없애주고, 우리를 구원하기 위해서 예수님이 살아나셨다고 말씀하고 있습니다. 예수님의 부활은 우리의 구원과 직접 연결이 됩니다.

네가 만일 네 입으로 예수를 주로 시인하며 또 하나님께서 그를 죽은 자 가운데서 살리신 것을 네 마음에 믿으면 구원을 받으리라(롬 10:9).

예수님의 부활을 믿을 때, 우리가 구원받을 수 있습니다. 구원에 이르기 위한 필수 요소가 바로 예수님의 부활을 믿는 것입니다. 믿어야만 구원을 받을 수 있고, 반대로 부활을 믿지 않으면 구원을 받지 못합니다.

그래서 예수님의 복음이 담긴 사복음서는 부활에 대해 매우 강력하게 강조합니다. 예수님의 부활보다 더 강력한 메시지는 없다는 것을 다음과 같이 알 수 있습니다.

첫째, 예수님은 죽기 전부터 자신의 부활에 대해서 여러 차례 예고하셨습니다. 예수님이 예고하신 것 중에 부활보다 더 자주 말씀하신 것이 없습니다.

둘째, 천사들이 부활 사건을 증거해 주었습니다. 하나님의 메신저인 천사들이 이 부활에 대해 직접 증언한 것입니다.

마지막으로, 예수님이 부활하신 다음에 직접 사람들에게 보이셨습니다. 막달라 마리아에게, 무덤에서 돌아가던 여인들에게, 베드로에게, 열두 제자들에게, 5백 명의 사람들에게 동시에 보이셨습니다. 갈릴리에도 나타나셨고 예루살렘에도 나타나셨습니다. 한 명도 아니고, 동시에 5백 명에게 부활하여 나타나셨는데 이게 어떻게 조작이고 환상이라고 하겠습니까? 부활이 너무나도 중요하기 때문에 제자들은 복음을 증거할 때, 전도할 때, 선교할 때, 그 핵심 메시지로 반드시 부활을 증거했습니다.

사도들이 큰 권능으로 주 예수의 부활을 증언하니 무리가 큰 은혜를 받아(행 4:33).

고린도전서 15장 12절에서도 바울은 "**그리스도께서 죽은 자 가운데서 다시 살아나셨다 전파되었거늘**"이라고 분명하게 말합니다. 이것이 바울의 복음 선포의 핵심이었습니다.

그리스도께서 만일 다시 살아나지 못하셨으면 우리가 전파하는 것도 헛것이요 또 너희 믿음도 헛것이며(고전 15:14).

부활이 없으면, 우리의 믿음은 헛것이고 가짜입니다. 예수를 믿는다고 할 때 그 핵심은 예수님의 죽음과 부활을 믿는 것입니다. 따라서 부활을 믿으며 살아가는 신앙이 진짜 신앙입니다.

또한 우리가 부활을 믿고 살아갈 때, 구원에 이르고 천국에 가고 마지막 날에 우리 역시 부활하는 것은 물론이고, 오늘의 삶에서도 엄청난 유익들이 발생합니다. 부활을 믿을 때, 지금 내 삶에 당장 얻게 되는 유익은 무엇이 있을까요?

5. 부활을 믿고 살 때 얻게 되는 지금의 유익들

① 죽음을 겁낼 필요가 없게 된다!

세상 사람들이 가장 무서워하는 것이 죽음입니다. 솔직히 저도 죽는 것이 조금은 겁납니다. 1년에 비행기를 수차례 타지만, 탈 때마다 약간은 두렵습니다. 만일의 상황에 대한 공포가 있는 것이죠.

우리 모두에게 죽음에 대한 공포가 있을 수밖에 없습니다. 그래서 사람의 본능은 오래 살고자 하는 것입니다. 장수를 최고의 복으로 여겼던 것이죠. 진시황제 같은 경우는 죽는 것이 너무 무서워서 불로초를 구하라고 시켰지만 얻지 못했고, 결국 49세에 죽었습니다. 사람들은 죽기 싫어합니다. 저희 어머니께서도 늘 "나는 살 만큼 살았다"라고 말씀하시지만, 저는 그게 진심이라고 생각하지 않습니다. 그래서 늘 어머니께 "어머니, 무슨 말씀이세요? 백세까지 사셔야죠?"라고 합니다.

우리는 오래 살고 싶습니다. 그래서 열심히 건강을 점검합니다.

몸에 좋은 것을 먹습니다. 운동도 열심히 합니다. 그 덕분에 평균 수명이 엄청나게 늘어났습니다. 전 세계적으로 봤을 때 우리나라는 오래 사는 나라가 되었습니다. 하지만 우리는 결국 다 죽게 됩니다. 조금만 더 살 뿐이지, 다 죽습니다.

그럼에도 부활을 믿는 성도는 죽음에 대한 겁이 없습니다. 왜요? 예수님이 죽음을 이기셨기 때문에요. 세상 모두가 무서워하는 죽음을 예수님이 이기셨습니다. 예수님이 이기셨기에 우리 또한 이길 수 있습니다.

사망을 삼키고 이기리라(고전 15:54).
아담 안에서 모든 사람이 죽은 것 같이 그리스도 안에서 모든 사람이 삶을 얻으리라(고전 15:22).

우리에게는 절대 죽음이 끝이 아닙니다. 이 땅의 삶이 끝이 아닙니다. 예수님의 부활을 믿는 성도는 부활하기 때문입니다. 그래서 우리는 죽음을 겁내지 않을 수 있습니다. 말기 암이나 어떠한 질환에도 죽음에 대한 공포가 우리를 엄습하지 못합니다. 이러한 믿음이 우리에게 생기는 것입니다.

② 세상을 살아갈 소망이 생긴다!

여러분은 명절에 친척, 친지, 지인들을 만나면 어떤 대화를 나누십니까? '우리나라 요즘 살기 참 좋다', '너무 행복하다', '앞으로 더 희망을 갖자!' 이런 이야기가 많이 나오던가요? 아니면 '살기 힘들다', '어떻게 하냐?', '앞으로가 더 걱정된다' 이런 이야기가 많던가요?

살기 힘든 요즘입니다. 버틸 힘이 없어져 가는 세상입니다. 이런 순간에 누가 내 옆에서 내 필요를 채워주고 나를 도와준다면 버틸 힘이 생길 것입니다. 한번 상상해 보십시오. 어떤 여성이 결혼해서 남편 하나만 믿고 살아왔는데 남편이 먼저 세상을 떠나버렸습니다. 홀로 아이를 키우고 직장생활 하며 너무 힘들 때 남편 생각이 많이 날 것입니다. '남편이 옆에 있으면 얼마나 힘이 날까, 지금보다 훨씬 나을 텐데' 하고요.

TV에 방영되고 영화로도 나왔던 〈교회 오빠 이관희〉 이야기를 들어보셨을 것입니다. 이관희 씨 부부는 믿음 안에서 만나 행복한 결혼생활을 하던 중 딸 하나를 선물로 받습니다. 그런데 아내가 산후조리원에서 나오는 날, 이관희 씨 본인은 대장암 4기 판정을 받습니다. 그러고는 결국 세상을 떠납니다. 남아 있는 아내는 이제 갓난 아기를 데리고 혼자 세상을 헤쳐 나가야 합니다.

얼마나 힘들고 마음이 어렵겠습니까? 그리고 남편이 얼마나 그립겠습니까? 작년에 아내 오은주 집사님에게 AI로 남편의 목소리를 복원해서 들려주게 되었습니다. 비록 AI지만, 아내 오은주 집사님에게 얼마나 큰 위로가 되고 힘이 되었을까요? 그토록 그리웠던 남편의 목소리를 다시 들으니까요. 저는 그 유튜브 영상을 보면서 이런 생각이 들었습니다.

'저건 부활의 맛보기 정도에 해당되는구나. 맛보기를 보여주는데도 저렇게 힘이 생길 수 있구나. 저렇게 기쁘구나! 나중에 천국에서 진짜 남편을 만날 때는 얼마나 기쁘고 행복할까? AI로 부활한 남편의 목소리만 들어도 저렇게 힘이 나는데, 진짜 부활하신 우리 주님을 만나면 얼마나 힘이 생길까?'

예수님은 부활하시자마자 제자들에게 이렇게 말씀하셨습니다.

내가 세상 끝날까지 너희와 항상 함께 있으리라(마 28:20).

"나는 죽었지만 부활했다. 그래서 지금도 너희와 함께하고 있다. 너희 가운데 있다! 그러니 걱정하지 말라! 두려워 말라! 나는 언제나 너희와 함께한다. 이 사실을 믿으며 살아가라!"

부활하신 주님이 여러분과 함께 계심을 믿으시길 바랍니다. 주님이 옆에 계시는데 우리에게 무슨 걱정, 염려, 근심이 생깁니까? 우리는 다 이길 수 있습니다. 왜요? 주님이 오늘도 우리 옆에서 도우시니까요. 이게 부활의 힘입니다. 우리는 이 부활의 능력, 부활의 힘을 믿고 나아가야 합니다.

제6장

하늘에 오르셔서
하나님 우편에 계심을
믿습니다

(엡 1:20-22)

그의 능력이 그리스도 안에서 역사하사 죽은 자들 가운데서
다시 살리시고 하늘에서 자기의 오른편에 앉히사
모든 통치와 권세와 능력과 주권과 이 세상뿐 아니라
오는 세상에 일컫는 모든 이름 위에 뛰어나게 하시고
또 만물을 그의 발 아래에 복종하게 하시고
그를 만물 위에 교회의 머리로 삼으셨느니라(엡 1:20-22).

여러분, 혹시 주님승천대축일을 아십니까? 개신교에서는 지키지 않습니다만, 가톨릭에서는 예수님의 부활 후 40일째 되는 주 목요일을 예수님이 승천하신 기념일로 지키고 있습니다. 다들 처음 들어보셨을 것입니다.

이스라엘에 성지 순례를 가면 감람산 정상에 예수승천교회가 있습니다. 예수님이 이곳에서 승천하셨다고 해서 이곳에 교회를 세웠다고 합니다. 이후 몇 번 무너지고, 살라딘(Saladin)이 예루살렘을 정복한 다음에 이곳에 이슬람 사원을 세웠다고 합니다. 그 교회 안에 '승천 바위'가 실제로 존재하고 있습니다. 거기 있는 발자국이 예수님 승천하실 때 찍힌 발자국이라는 것입니다. 하지만 그것이 예수님의 발이라는 정확한 증거는 어디에도 없습니다. 사실 이스라엘 성지 순례를 하다 보면 검증되지 않은 것들이 너무나도 많지만, 저게 예수님의 발이냐, 아니냐는 별로 중요하지 않습니다. 중요한 것은 **예수님의 승천이 사실이라는 것**입니다.

우리는 예수님의 탄생, 죽음, 부활에는 많은 신경을 쓰고 있지만 예수님의 승천은 그렇게까지 강조하지 않고 있습니다. 부활절, 성탄절은 있지만 승천절은 없습니다. 찬송가에도 예수님의 탄생을 알리는 찬송이 있고, 죽음과 고난, 그리고 부활에 대한 찬송이 있는데 승천에 대한 찬송은 하나도 없습니다. 사람들은 예수님의 승천에 대해서 그렇게까지 관심이 없는 듯합니다. 목사님들도 그에 대한 설교를 잘 하지 않습니다.

예수님은 부활 이후 40일 동안 이 땅에 계시면서 하나님 나라에 대해서 전파하셨고, 제자들에게 복음 전파 사명을 심어주셨습니다. 그리고 하늘로 올라가셨습니다. 이것을 한자로 승천(昇天), 영어로 'Ascension'이라고 합니다.

이제 예수님 승천에 대해서 몇 가지 질문을 던지겠습니다.

1. 예수님은 정말로 승천하셨는가?

예전에 『다빈치 코드』를 재미있게 읽었던 기억이 있습니다. 미국에서 천만 권 이상, 국내에서도 80만 권 이상 팔린 책입니다. 내용을 보면, 예수님이 이 땅에서 막달라 마리아와 결혼해서 자녀를 낳고 80세까지 살다가 죽었다는 스토리입니다. 말도 안 되는 소설입니다. 그런데 사람들은 이런 소설을 좋아합니다. 왜요? 세상에서는 사람이 죽지 않고 하늘로 올라갔다는 것보다 평범하게 살았다는 내용이 더 그럴듯해 보이니까요. 세상은 사람이 태어나면 죽는 것을 당연하고 정상인 것으로 봅니다.

그런데 앞 장에서 살폈듯이, 예수님은 죽으시고 부활하셨습니다. 부활하셨다는 것 자체가 벌써 일반 사람들과는 다르죠. 그리고 예수님은 원래 있었던 자기 자리, 하늘로 올라가셨습니다. 이것을 승천이라고 합니다. 성경에는 예수님의 승천에 대한 증인들이 있습니다.

> 예수께서 그들을 데리고 베다니 앞까지 나가사 손을 들어 그들에게 축복하시더니 축복하실 때에 그들을 떠나 [하늘로 올려지시니](눅 24:50-51).

제자들 5백 명이 모여 있는데, 예수님은 손을 들어서 그들을 마지막으로 축복하셨습니다. 그리고 하늘로 올라가셨습니다.

> 이 말씀을 마치시고 그들이 보는데 올려져 가시니 구름이 그를 가리어 보이지 않게 하더라(행 1:9).

우선, 예수님은 모든 사람의 눈에 보이게끔 하늘로 올라가셨습니다. 제자들이 분명 보았습니다. 그렇게 하늘로 올라가시는데 마지막에는 구름에 가려져서 예수님이 보이지 않게 됩니다. 우리가 알 수 있는 것은 예수님의 부활에만 증인이 있는 것이 아니라 승천에도 증인이 있다는 것입니다. 또한 예수님 승천에 대한 내용들이 성경에 여러 차례 언급됩니다. 최소 여덟 군데가 넘습니다. 이로써 승천은 사실임을 확인할 수 있습니다.

2. 어디로 승천하셨는가?

우리말 성경에는 '하늘로 올라가셨다'라고 번역되어 있습니다. '하늘'은 헬라어로 '우라노스'(Οὐρανός)인데, 영어 성경을 보면 주로 'heaven'으로 번역해 놓았습니다. 예수님은 우리가 밖에서 보는 하늘, 즉 구름이 있고 새들이 있는 그곳으로 가신 것이 아니라 천국으로 가신 것입니다.

당시 유대인들은 하늘을 여러 개로 구분했습니다. 구름이 있는 하늘부터 대기권, 성층권, 나중에 그 밖으로 가면 거기에 하나님이 계신다고 믿었습니다. 하지만 영이신 하나님이 계신 곳은 이런 물리적인 공간이 아닙니다. 저 하늘 너머 저 우주 어디엔가 천국이라는 공간이나 행성 하나를 만들어놓지 않으셨다는 뜻입니다.

왜요? 하나님은 영이시니 우리처럼 육체로, 물체로 존재하시지 않습니다. 그래서 여기서 말하는 천국은 우리가 생각하는 물리적인 공간이 아닙니다. 설명하기는 어렵지만, 창세전부터 계셨던 삼위일체 하나님이 계신 바로 그곳입니다. 예수님은 원래 자신이 영으로 계셨던 그 천국으로 가신 것입니다.

예수님의 승천에서 중요한 것은 장소보다는 승천의 의미이다.

하늘에 있는 자들과 땅에 있는 자들과 땅 아래에 있는 자들로 모든 무릎을 예수의 이름에 꿇게 하시고 모든 입으로 예수 그리스도를 주라 시인하여 하나님 아버지께 영광을 돌리게 하셨느니라 (빌 2:10-11).

예수님은 낮아지기 위해서, 섬기기 위해서 이 땅에 오셨습니다. 그래서 하나님이 사람이 되고 종이 되고 죄수가 되신 것입니다. 이런 예수님에게 하나님은 모든 이름 위에 뛰어난 이름을 주셨고, 아버지가 계신 그 하늘로 올리우셨습니다. 십자가에 죽기까지 가장 낮아지신 예수님을 가장 높여주신 사건, 이것이 승천입니다.

3. 예수님은 천국에서 무엇을 하시는가?

이번에 우리가 살피는 사도신경 구절을 보면, 예수님이 천국에서 무엇을 하시는지가 나옵니다. '**하늘에 오르사, 전능하신 하나님 우편에 앉아 계시다가**', 이것에 대해 성경은 분명히 말합니다.

주 예수께서 말씀을 마치신 후에 하늘로 올려지사 하나님 우편
에 앉으시니라(막 16:19).

예수님은 천국에서 특별한 일을 하시기보다 그저 하나님 오른편에 앉아 계신다고 나와 있습니다. 예수님이 승천하신 지가 2천 년이 넘었는데 계속 그 자리에 앉아 계십니다. 어떤 생각이 드시나요? 예수님이 너무 심심하시진 않을까요?

우리가 해외에 갈 때, 장거리 노선 비행기를 탈 때가 있습니다. 미국에 가는데 열두 시간 동안 작은 이코노미 좌석에 계속 앉아 있는 것은 고역입니다. 움직일 수 있고 비행기 밖에 나가서 바람도 쐰다면 좋을 텐데 불가능하죠. 한자리에 가만히 앉아 있는 것은 어려운 일입니다. 그런데 예수님은 무려 2천 년 동안 그 자리에 앉아 계십니다. 성경에 보면, 그분은 졸지도 않고 주무시지도 않는다고 했습니다. 하나님 우편에 앉아 계신 예수님이 너무 따분하고, 지루하고, 힘드실 것 같지 않습니까?

이런 해석은 성경을 잘못 이해할 때 생기는 오해입니다. 요한복음 4장 14절은 분명하게 말합니다. 하나님은 영이시라고요. 우리처럼 육체가 있지 않으십니다. 우리처럼 어떤 모습이나 형태가 없으십니다. 우리처럼 먹고 마시고 쉬고, 노는 것도 없으십니다. 썩지도 않고, 없어지지도 않으십니다.

이처럼 영이신 하나님을 우리에게 설명하는 방법이 있습니다.

신인동형론적 표현법(Anthropomorphism)입니다. 이것은 영이신 하나님을 육체가 있는 우리의 모습을 빗대어서 사람처럼 설명하는 것입니다. 그래야 이해가 잘되니까요. 성경에 보면, 신인동형론은 매우 자주 등장합니다. 그리고 우리가 부르는 찬양에도 성경의 신인동형론을 집어넣는 경우가 종종 있습니다.

우리가 잘 아는 찬양 〈나 무엇과도 주님을 바꾸지 않으리〉에 나오는 "주의 얼굴 보기 원합니다"라는 가사가 여기에 해당됩니다. 그리고 시편 17편 15절의 "나는 의로운 중에 주의 얼굴을 뵈오리니"라는 표현과 찬양 가사인 "주의 손에 나의 손을 포개고", 그리고 시편 74편 11절의 "주께서 어찌하여 주의 손 곧 주의 오른손을 거두시나이까"에 나오는 '주의 손'이 여기에 해당됩니다.

이것 말고도 "주의 불꽃같은 눈동자"부터 해서, 마치 하나님을 사람인 것처럼 묘사한 것들이 많이 있습니다. 하나님을 향한 깊은 이해의 표현인 것입니다. 예수님이 지금도 천국 보좌에 앉아 계신다는 사도신경의 내용 역시 예수님이 아무것도 하지 않고 그냥 의자에 앉아 계신다는 의미가 아니라는 것입니다.

4. 하나님 우편에 앉으심의 의미는?

우선 먼저 드는 의문은, '왜 예수님은 하나님의 오른편에 앉아 계실까?' 하는 것입니다. 하나님 앞에 앉으셔도 되고, 하나님 뒤편에 계셔도 되고, 왼편에 계셔도 되는데 왜 굳이 오른편에 앉아 계실까요? 분명 시편 110편 5절에도 **"주의 오른쪽에 계신 주께서"** 라고 나와 있습니다.

동양 철학의 음양 원리로 인해서 동양 문화권에서는 오른쪽이 힘과 우위를 상징합니다. 그래서 오른쪽은 우대하는 자리, 권능의 자리, 영광의 자리를 의미합니다. 예수님이 하나님의 오른편에 앉아 계시다는 것은 예수님이 하나님의 능력의 자리, 영광의 자리에 오르셨다는 뜻이며 온 땅의 왕으로 세상을 다스리신다는 것입니다.

여호와께서 그의 보좌를 하늘에 세우시고 그의 왕권으로 만유를 다스리시도다(시 103:19)

하나님 우편에 앉아 계신다는 말의 의미는 예수님이 만유의 주가 되셔서 온 세상을 통치하신다는 뜻입니다.

사도신경을 자세히 보면 신기한 것 한 가지를 발견합니다. 그간 살핀 내용을 쭉 머릿속에 넣어보세요. 하나님이 천지를 만드셨습니다. 그리고 그의 외아들을 이 땅에 보내셨습니다. 아들이 죽으셨습니다. 부활하셨습니다. 그리고 승천하셨습니다. 이 모든 것은 모두 과거형입니다. 직전까지 살핀 사도신경의 스토리는 전부 다 과거의 일인 것입니다. 그런데 예수님이 하나님 우편에 앉아 계신 것은 현재 진행형입니다. 그래서 이 장에서 가장 중요한 내용은 하나님 우편에 계신 주님이 우리를 위해 하고 계신 일들이 있다는 것입니다. 이게 가장 중요합니다.

5. 하나님 우편에서 통치하시는 예수님

그의 능력이 그리스도 안에서 역사하사 죽은 자들 가운데서 다시 살리시고 하늘에서 자기의 오른편에 앉히사 모든 통치와 권세와 능력과 주권과 이 세상뿐 아니라 오는 세상에 일컫는 모든 이름 위에 뛰어나게 하시고 또 만물을 그의 발 아래에 복종하게 하시고 그를 만물 위에 교회의 머리로 삼으셨느니라(엡 1:20-22).

예수님이 하나님 보좌 우편에 앉아 계신다는 의미는, 바로 지금 온 우주를 통치하고 계신다는 뜻이라고 말씀드렸습니다. 이 말은 예수님이 이 나라와 여러분의 직장과 가정과 우리 교회와 모든 것을 통치하고 계신다는 것입니다. **여러분은 이러한 예수님의 통치를 믿고 계십니까?**

① **예수님의 통치는 영원하다.**
이것이 세상의 다른 통치와의 차이입니다. 프랑스의 루이 14세

(Louis XIV)는 무려 72년간 프랑스를 통치했습니다. 그는 법 위에 있었고, 무소불위의 권력을 휘둘렀습니다. 스스로를 태양왕으로 선포했습니다. 하지만 그런 그도 결국 저물고 말았습니다. 세상의 어떠한 권력자나 독재자도 결국에는 다 사라집니다. 그러나 우리 주님의 통치만은 영원합니다.

② **예수님의 통치는 엄청난 희망을 준다.**

인도의 지도자 마하트마 간디(Mahatma Gandhi)는 생전에 국가를 망하게 할 수 있는 요인으로 일곱 가지를 들었습니다.

1. 원칙 없는 정치
2. 도덕 없는 상업
3. 노동 없는 부
4. 인격 없는 교육
5. 인간성 없는 과학
6. 양심 없는 쾌락
7. 희생 없는 신앙

이런 모습이 생기면 국가가 망한다는 것입니다. 그런데 읽어보니 현재 우리나라의 상황과 너무나도 흡사합니다. 우리나라도 국가적 대(大)위기 속에 희망이 안 보입니다. 그러나 아무리 어려운 위기가 찾아와도, 내가 정말 원했던 사람이 통치자가 되면 지지자들에게는 희망이 생깁니다.

청소년 사역을 할 때 제가 보살폈던 일진 패거리가 있습니다. 중학교 때 그렇게 못된 짓을 많이 했던 애들이 고등학교에 가도 여전히 그 생활을 벗어 던지지 못해서, 아이들을 보면 참 딱하고 안타까웠습니다. 그러던 중에 어떤 일이 생겼습니다. 그 일진 학생들 중 한 아이의 아버지가 그 도시의 시장으로 당선된 것입니다. 믿기 힘들게도, 한순간에 학생의 아버지가 그 도시의 일인자가 되었습니다. 그때부터 그 아이의 표정이 달라졌습니다. 갑자기 아들의 인생에 희망이 생겼습니다. 당시 그 도시의 경제 상황은 최악이었고 엄청난 위기 지표가 나왔는데, 그 아들에게는 그런 위기가 없었습니다. 왜요? 도시의 시장이 우리 아버지니까요. 아버지가 이 도시를 다스리니까 이 친구에게는 희망이 있었던 것입니다.

어떠한 세상의 어려움 속에서도 내가 신뢰하는 통치자만 있다면, 그 사람이 지금 이 나라를 통치한다면 우리는 걱정하지 않고 희망을 노래하게 됩니다. 여러분, 누가 이 세상의 통치자입니까? 우리 주님이십니다. 우리 주님이 여러분의 직장과 가정과 이 나라의 통치자이신 것을 믿으시길 바랍니다. 세상의 그 어떤 통치자와도 비교가 되지 않는 우리 주님이 이 세상의 통치자라는 사실이 우리에게 위로가 되고 힘이 되고 희망이 됩니다. 그렇다면 어떻게 예수님의 통치가 우리에게 힘이 될까요?

③ 예수님의 통치는 모든 어려움을 이기게 한다.

낸시 드모스(Nancy DeMoss)의 『하나님이 다스리시니』라는 책을 읽는데 이런 내용이 있었습니다.

하나님은 선하시다.
하나님이 선하시다고 당신이 느끼지 못할 때도,
하나님은 당신을 여전한 사랑으로 사랑하신다.
하나님이 당신을 버리셨다고 느낄 때도,
하나님은 이런 폭풍우 속에서 당신과 함께 계신다.
하나님은 결코 당신을 떠나지 않으신다.
… 고난이 있는 곳에 하나님이 더욱더 임재하신다.[1]

이 내용은 하나님의 통치가 무엇인지를 분명하게 우리에게 말해 주고 있습니다. 인생을 살다 보면 예상치 못한 어려움과 극한의 상황이 우리를 옥죄일 때가 있는데, 그 순간에도 여전히 주님이 나를 다스리고 통치하고 계시다는 사실을 믿으면 이기게 됩니다.

이 책에 보면, 출산을 앞두고 있었던 한 여성의 이야기가 나옵니다. 이제 며칠 있으면 출산 예정일인데, 갑자기 아이가 움직이지 않는 느낌이 났습니다. 다급히 병원에 가서 유도 분만으로 3.9kg의 남자아이를 출산했습니다. 하지만 인생에서 가장 행복해야 할 순간에 가장 큰 슬픔이 몰려왔습니다. 아이가 죽은 것입니다.

저자는 말합니다. 이런 비극적인 순간에도 하나님이 계셨기에, 그 가족은 집중해서 장례 예배를 드릴 수 있었다고요. 태중에서 아이가 죽어갈 때도, 죽은 아이를 맞닥뜨렸을 때도, 여전히 주님이 통치하십니다. 이것은 변치 않는 사실입니다. 내 삶의 고난과 실패와 절망 중에도 주님이 통치하고 계십니다.

다니엘은 이국 땅인 바벨론에 포로로 끌려갔고 69년 이상을 살았는데 끝까지 바벨론에서 나오지 못합니다. 다니엘서의 메시지는 "하나님이 우리 인생의 모든 압제를 제거해 주실 것이다"가 아닙니다. "하나님의 다스리심을 알 때, 당신은 온갖 시련 속에서도 성공할 수 있고 그분께 신실할 수 있다"라는 것입니다. 세상에서 우리를 가장 많이 사랑하고 계시고, 우리에게 좋은 것을 주길 원하시는 주님이 지금 통치하고 계십니다. 나를 다스리고 계신다는 것입니다. 이 사실 하나가 모든 어려움을 이길 힘을 주는 것이죠.

여러분이 힘들어하는 그 순간에도, 주님이 통치하고 계십니다. 여러분이 고통의 늪에 있을 때도, 주님이 다스리고 계십니다. 그래서 그 위기를 해결하고 결국에는 고통 속에서 건져주십니다. 오늘 우리가 믿어야 할 것은, 우리의 주인 되시는 분이 하나님 우편에 앉아 우리와 세상을 통치하신다는 사실입니다.

④ 예수님의 통치의 핵심은 중보기도다.

그렇다면 하늘에 계신 우리 예수님이 세상을 통치하시는데, 과연 우리를 어떻게 도와주실까요? 하나님 보좌 우편에 계시는 주님이 이 땅에 육신으로 있는 우리에게 실질적으로 어떻게 도움을 주실까요? 구체적인 방법은 바로 그분의 중보기도입니다.

여러분, 중보기도의 힘을 체험하신 적이 있습니까? 누군가가 날 위해서 기도해 줬는데 응답될 때가 있습니다. 한 자매는 돌이 지났을 때 오빠와 장난을 치다가, 나무 면봉이 귓속으로 들어가 고막이 파열되었다고 합니다. 이비인후과 선생님이 6개월 안에 고막이 재생되지 않으면 인공 고막으로 평생을 살아야 한다고 했습니다. 6개월, 1년이 지나도 고막은 재생되지 않았지만 부모님은 새벽마다 딸을 위해서 간절히 기도했습니다. 그런데 놀랍게도 4년 만에 고막이 재생되었다고 합니다. 지금 이 자매의 얼굴을 보면, 특히 노래할 때에도, 불편함이 없는 정도가 아니라 너무나 건강해 보입니다. 이것이 중보기도의 힘입니다.

누군가 날 위해 기도해 주는 것이 우리에게 엄청난 힘이 되고 위로가 됩니다. 특별히 기도의 능력이 매우 센 사람이 있습니다. 예전에 우리 교회에 계셨던 한 권사님의 경우, 수많은 불치병을 고치는 역사가 있었습니다. 그러나 누구의 중보기도가 가장 센 줄 아십니까? 바로 우리 주님입니다. 이 세상 어떤 목사님, 어떤 기도원 원장의 것보다 더 강력한 기도가 우리 주님의 기도입니다.

성경에서는 분명히 우리 주님이 하나님 우편에 앉아 우리를 위해 기도하고 계신다고 말해 주고 있습니다.

이는 그리스도 예수시니 그는 하나님 우편에 계신 자요 우리를
위하여 간구하시는 자시니라(롬 8:34).
이는 그가 항상 살아 계셔서 그들을 위하여 간구하심이라(히
7:25).

예수님이 우리를 위해 항상 간구하고 계신다고 말합니다. 주님의 기도는 우리의 기도와는 상대가 안 됩니다. 누가복음 22장의 겟세마네 동산에서의 기도를 보세요. 얼마나 간절히 기도하시는지 땀방울이 핏방울이 되도록, 혈관이 터질 정도로 기도하십니다. 심지어 우리의 연약함, 우리의 문제를 너무나도 잘 알고 계셔서 우리를 위해서 간절함으로 기도하고 계십니다.

여러분, 기억하십시오! 여러분은 혼자가 아닙니다. 지금 여러분이 겪는 고통을 주님은 알고 계십니다. 그리고 자신의 사랑하는 아들과 딸들을 위해서 친히 기도하고 계십니다. 우리가 해야 할 것은 무엇입니까? 그 주님의 통치를 인정하는 것, 그 주님을 붙잡는 것입니다. 그럴 때 우리는 넉넉히 이기는 삶을 사는 것입니다.

오늘도 여러분을 위해서 기도하시는 주님을 잊지 마십시오. 여러분 인생에 개입하고 계시는 주님의 통치를 잊지 마십시오. 그 주님으로 우리는 승리할 줄 믿습니다.

제7장

심판하러 오시는 예수님을 믿습니다

(살전 4:15-18)

우리가 주의 말씀으로 너희에게 이것을 말하노니
주께서 강림하실 때까지 우리 살아 남아 있는 자도 자는 자보다
결코 앞서지 못하리라 주께서 호령과 천사장의 소리와
하나님의 나팔 소리로 친히 하늘로부터 강림하시리니
그리스도 안에서 죽은 자들이 먼저 일어나고 그 후에 우리 살아 남은 자들도
그들과 함께 구름 속으로 끌어 올려 공중에서 주를 영접하게 하시리니
그리하여 우리가 항상 주와 함께 있으리라
그러므로 이러한 말로 서로 위로하라 (살전 4:15-18).

고등학교 3학년 때, 대학 입시가 정확히 50일 남은 날이었습니다. 당시 학교 야간 자율학습은 밤 11시까지였는데, 저희 반은 학구열이 넘쳐서 약 20명의 학생들이 새벽 1시까지 공부를 했습니다. 1992년 10월 27일 화요일 심야, 모두가 한창 공부 중이었고 시계는 밤 11시를 넘어서 자정을 향해 가고 있었습니다. 이때, 몇몇 친구들이 제게 말을 겁니다.

"좀 있다가 너 천국으로 올라갈 때 우리도 꼭 데려가라!"

"오늘 12시에 휴거 일어나면 그때 우리는 너 다리 좀 잡아도 되지? 우리도 같이 올라가자."

이게 무슨 말인지 아십니까? 다가올미래선교회, 다미선교회 교주 이장림이 1992년 10월 28일 주님이 재림한다고 주장했고, 그것이 엄청난 사회적 파장을 일으켰습니다. 이날 자정에 다미선교회의 휴거 준비 모습이 TV에 생방송으로 방영될 정도였습니다. 교인들은 모두 흰옷을 입고 주님 오심을 준비하고 있었습니다.

이때 다미선교회의 대다수는 직장에 사표를 냈습니다. 있는 집도 다 팔았습니다. 다 헌금해 버렸습니다. 왜요? 주님이 곧 오시니까요. 이들은 1992년 10월 28일에 그토록 주님을 기다렸습니다. 질문해 보겠습니다. 그날 주님이 오셨습니까, 안 오셨습니까? 안타깝게도 안 오셨고 이장림은 구속됐습니다.

대부분의 기독교 이단이 재림을 잘못 이해하고 해석해서 생깁니다. 누구든 재림에 대해서 잘못 이해하면 매우 위험한 신앙의 길로 갈 수 있기에, 올바로 이해하는 것이 매우 중요합니다.

이번 장에서 살필 사도신경의 본문은 **'저리로서 산 자와 죽은 자를 심판하러 오시리라'**입니다. 우선 '저리로서'는 고어로, '거기로부터'라는 의미입니다. 즉 예수님이 계신 천국으로부터 다시 오신다는 것이죠. 이에 대한 몇 가지 질문을 살피겠습니다.

1. 과연 예수님은 재림하실까?

① '재림은 없다'라는 주장

여러분은 예수님의 재림을 믿으십니까? 몇몇 사람들은 "무슨 예수님이 하늘에서 다시 내려오시냐? 재림은 없다. 재림이 있다면 벌써 오셨어야지, 왜 2천 년이 지났는데도 안 오시냐? 성경에 속히 오신다고 했고(계 3:11) 이 세대가 지나기 전에 오신다고 했는데(마 24:34) 안 오시는 걸 보니까, 재림은 없다"라고 주장합니다. 생각보다 교회 안에도 재림을 안 믿는 사람들이 있습니다.

② '이미 재림했다'라는 주장

우리가 모르고 놓친 것이지 이미 예수님은 이 땅에 오셨다고 주장하는 사람도 있습니다. 대표적인 인물이 통일교의 문선명인데 이 사람은 "내가 재림 예수다"라고 이미 1992년에 선포했습니다.

넷플릭스에서 공개된 〈나는 신이다〉를 보면 그런 사람들이 무척 많습니다. 현재 우리나라에 50명 정도가 있는데 과거 박태선부터, 신천지 이만희, 하나님의 교회를 만든 안상홍 등 다들 자칭 재림 예수입니다. 놀라운 것은 그것을 믿는 사람들이 많다는 것입니다.

③ 성경에서 재림을 어떻게 말하는가?

내가 너희에게 이르노니 이 후에 인자가 권능의 우편에 앉아 있는 것과 하늘 구름을 타고 오는 것을 너희가 보리라 하시니(마 26:64).

너희 가운데서 하늘로 올려지신 이 예수는 하늘로 가심을 본 그대로 오시리라 하였느니라(행 1:11).

또 죽은 자들 가운데서 다시 살리신 그의 아들이 하늘로부터 강림하실 것을 너희가 어떻게 기다리는지를 말하니 이는 장래의 노하심에서 우리를 건지시는 예수시니라(살전 1:10).

볼지어다 그가 구름을 타고 오시리라 각 사람의 눈이 그를 보겠고 그를 찌른 자들도 볼 것이요(계 1:7).

성경은 우리에게 예수님 재림에 대한 엄청나게 많은 메시지를 주고 있습니다. 그만큼 재림이 확실하고 중요하다는 것입니다. 그러나 아직 예수님은 다시 오지 않으셨고 분명히 언젠가 오십니다.

2. 어떠한 모습으로 재림하시는가?

어떤 이들은 예수님이 영의 모습으로 오신다고 주장하고, 몰래 오신다고 하는데, 다 거짓말입니다. 성경을 보세요.

> 너희 가운데서 하늘로 올려지신 이 예수는 하늘로 가심을 본 그대로 오시리라 하였느니라(행 1:11).

하늘로 승천하신 그 모습 그대로 오신다는 것입니다. 예수님 재림에 관한 확실한 단서는 다음과 같습니다.

① 직접 이 땅에 오신다.
② 부활하시고 승천하신 몸을 그대로 가시고 오신다.
③ 공개적으로, 모든 사람들에게 보이게끔 오신다(마 24:27).
④ 큰 영광 가운데 오신다(마 24:30).

3. 재림하시는 이유는 무엇인가?

하나님 앞과 살아 있는 자와 죽은 자를 심판하실 그리스도 예수 앞에서 그가 나타나실 것과 그의 나라를 두고 엄히 명하노니(딤후 4:1).

예수님은 산 자와 죽은 자를 심판하기 위해서 오십니다. 산 자는 지금 살아 있는 자, 죽은 자는 이미 과거에 죽은 자입니다. 그러니까 모든 사람, 모든 인류를 심판하기 위해서 오신다는 뜻입니다. 원래 심판은 성부 하나님의 역할인데, 성경을 보면 모든 심판을 아들에게 맡기셨다고 나옵니다.

아버지께서 아무도 심판하지 아니하시고 심판을 다 아들에게 맡기셨으니(요 5:22).

그래서 성자 예수님이 심판하기 위에서 이 땅에 다시 오시는 것입니다. 성경은 분명 심판이 있다고 말하고 있습니다.

한번 죽는 것은 사람에게 정해진 것이요 그 후에는 심판이 있으리니(히 9:27).
선한 일을 행한 자는 생명의 부활로, 악한 일을 행한 자는 심판의 부활로 나오리라(요 5:29).

사람이 죽게 되면 영과 육이 분리가 됩니다. 우리의 육체는 썩어 없어지게 되고, 예수 믿는 사람들의 영혼은 낙원에 가서 천사와 같은 모습으로 존재하게 됩니다. 안 믿는 사람의 영혼은 음부에 들어가서 고통을 경험하게 됩니다. 그러다가 예수님의 재림 때, 우리의 죽었던, 없어졌던 육체가 부활해서 영과 다시 하나가 됩니다. 즉 지금과 같은 모습인데, 믿는 사람들은 조금도 흠이 없는 완벽한 상태, '영화의 육신'을 갖게 됩니다. 그런 후 예수님 앞에서 심판을 받게 됩니다.

마태복음 25장을 보면, 양과 염소를 구분하듯 믿는 사람들과 믿지 않은 사람들을 구분하는 심판이 진행됩니다. 예수님을 믿지 않은 자들에게는 어떤 일이 일어날까요?

> 또 왼편에 있는 자들에게 이르시되 저주를 받은 자들아 나를 떠나 마귀와 그 사자들을 위하여 예비된 영원한 불에 들어가라 (마 25:41).

믿지 않는 사람들은 영원한 벌, 영벌을 받습니다. 지옥에서 영원히 살게 됩니다. 예외가 없습니다. 우리가 예수님을 믿어야 할 많은 이유가 있는데, 그중 하나가 예수님을 믿어야만 지옥의 심판을 당하지 않게 되기 때문입니다. 믿지 않으면, 예외 없이 다 지옥의 심판을 당합니다.

우리 교회에 새로 등록한 분이 계셨습니다. 보통 교회에 새가족이 오면 어떻게 해서 오셨는지 물어보잖아요? 보니까 전도한 사람이 손자였습니다. 그런데 손자가 우리 교회 유치부에 다닙니다. 그분 말씀이, 손자가 자기한테 지옥 가면 안 된다고 했다는 것입니다. "할아버지, 교회 오세요. 할아버지, 지옥 가면 안 돼요"라고요. 그래서 45년 만에 교회에 나오셨습니다. 얼마나 감사한지 모릅니다. 우리가 예수를 믿는 가장 중요한 이유는 우리의 내세 때문입니다. 죽음 이후에 지옥 심판을 받지 않으려면, 예수를 믿어야 합니다. 예수님의 심판은 믿는 사람이나 안 믿는 사람이나 모두에게 해당됩니다. 저도 여러분도 모두 나중에 예수님의 심판대 앞에 서게 됩니다.

> 이는 우리가 다 반드시 그리스도의 심판대 앞에 나타나게 되어 각각 선악간에 그 몸으로 행한 것을 따라 받으려 함이라 (고후 5:10).

불신자들은 지옥으로 떨어지게 되고, 믿는 자들은 선악 간에 그 몸으로 행한 것에 대한 심판이 진행됩니다. 즉, 이 땅에서 어떻게 살았는가에 대한 우리 인생 장부가 하나님 앞에서 펼쳐지게 됩니다. 그리고 우리의 행위에 따른 상급들이 있습니다. 어떤 사람은 교회를 열심히 다니고 신앙의 덕망이 있다고 생각했는데, 상급이 거의 없을 수도 있습니다. 어떤 사람은 한평생 가난하고 힘들게 살았는데, 오히려 상급이 많이 있을 수도 있습니다.

옥한흠 목사님이 평생 하셨던 말씀이 바로 그것이었습니다. "나는 이 땅에서 사람들에게 너무 많은 영광을 받아서, 천국에서는 상급이 별로 없을 거야"라고요.

여러분, 이후에 받을 천국 상급에 대해서 생각해 본 적이 있으십니까? 이렇게 생각하면 됩니다. 이 땅에 살면서, 내가 얼마나 주님을 위해서 살았는가? 나를 위해서 산 것이 아니고, 때로는 내 것을 희생하고 포기하면서 얼마나 주님을 위해서 헌신하고 살았는가? 우리 모두는 주님의 심판대 앞에 가게 됩니다. 거기서 우리의 모든 행위가 다 드러나게 됩니다. 주님의 평가가 걱정되십니까, 아니면 기대되십니까? 주님이 뭐라고 하실 것 같나요? 혼날 것 같은 생각이 드십니까? 걱정과 염려가 되십니까?

"착하고 충성된 종아, 이 땅에서 나를 위해 너무나도 많이 수고했다. 고생했다."

이 말씀을 들어야죠. 걱정이 된다면 지금부터라도 예수님을 잘 믿으세요. 제대로 믿으세요. 그리고 기억하십시오. 우리도 모두 마지막 때 심판대에 서게 된다는 사실을요.

4. 언제 재림하시는가?

예수님이 오시는 날짜만이라도 알면 얼마나 좋을까요? 그러면 대비도 하고 준비도 할 수 있을 텐데요. 디데이를 맞춰놓고 다른 세상일은 다 포기하고, 열심히 주를 위해서 살 수 있잖아요?

예수님은 언제 오실까요? 지금도 화곡동에 가면 매월 한 차례씩 모여서 재림을 준비하는 분들이 계십니다. 그분들은 2030년 4월 18일에 지구가 멸망하고 예수님이 재림하신다고 말합니다. 그리고 이제 곧 전 세계적으로 비가 오지 않아서 대가뭄이 일어날 것이라고 합니다.

신빙성이 있어 보입니까? 이단들 가운데 예수님의 재림 날짜를 특정해서 망한 집단들이 많습니다. 대표적인 사례가 서두에 말했던 다미선교회 이장림입니다. 이 사람은 1992년 10월 28일을 종말일로 주장했다가 망했습니다. 본인은 감옥에 가고 성도들의 삶도 다 망가져 버렸습니다.

5. 성경은 재림의 시기에 대해서 어떻게 말할까?

① 날짜는 아무도 모른다.

날짜는 알 수 없습니다. 날짜를 말한다면 그것은 이단입니다.

그러나 그 날과 그 때는 아무도 모르나니 하늘의 천사들도, 아들도 모르고 오직 아버지만 아시느니라(마 24:36).

② 평범한 일상의 때에 오신다.

마태복음 24장 40-41절을 보면, 여자들은 맷돌을 갈고, 밭매고, 먹고 마시고, 시집 장가가고, 이런 평범한 일상 중에 주님이 오신다고 합니다. 특별한 순간에 오시는 것이 아니고 지극히 평범한 순간에 오신다는 것입니다.

③ 도적같이 오신다.

> 형제들아 때와 시기에 관하여는 너희에게 쓸 것이 없음은 주의 날이 밤에 도둑 같이 이를 줄을 너희 자신이 자세히 알기 때문이라(살전 5:1-2).

도둑이 내가 언제 집을 털겠다고 말하지 않습니다. 그렇게 주님이 오실 것이라고 말씀하고 있습니다. 갑자기 오신다는 것입니다. 그래서 우리는 깨어 있어야 합니다. 늘 준비하고 있어야 합니다. 갑자기 오시니까요. 어떤 교인이 자기 부인을 속이고 다른 여자와 바람이 나서 모텔에 들어가 있는데 그때 주님이 오신다고 생각해 보세요. 친구들과 거하게 술 파티를 벌이고 있는데 그때 주님이 오신다고 생각해 보십시오. 우리는 늘 깨어 있어야 합니다.

주님의 재림을 기다리는 신앙은 매우 중요합니다. 어떤 점에서는 우리의 신앙의 성숙도를 알 수 있는 부분이기도 합니다.

6. 재림 신앙이 중요한 이유가 무엇인가?

① 우리가 너무 세상에 빠져 있기 때문이다.

우리는 이 땅이 너무나도 좋습니다. 우리나라는 인구 5천만 명의 국가들 중에서 1인당 GDP가 세계 6위입니다. 현재 일본보다 더 좋은 나라가 대한민국입니다. 대단하지 않습니까? 우리나라는 전 세계에서도 대표적으로 잘사는 나라입니다. 고등학교까지 무상 급식입니다. 영국, 프랑스, 미국, 캐나다도 실시하지 않는, 전면 무상 급식입니다. 전 세계에서 가장 좋은 의료 시스템을 가지고 있습니다. 이렇게 빨리, 이렇게 저렴하게 누릴 수 있는 고급 의료 혜택은 우리나라 말고는 없습니다.

서울 및 수도권 지하철은 전 세계 최고의 교통 시스템입니다. 심지어 65세만 되면 공짜입니다. 이제는 GTX까지 만들어져서 파주에서 서울역까지 22분이면 도착합니다. 또한 작년 1년간 해외에 나간 인구가 2,800만 명이 넘습니다. 이런 나라는 정말 없습니다. 이제 미국, 캐나다, 호주 등 이민도 잘 안 갈 정도입니다. 우리나라가 살기에 더 좋은데 갈 필요가 없는 것이죠.

이러한 상황 가운데 우리 대부분은 세상에 너무나도 깊게 빠져 있습니다. 한 주간의 여러분의 고민을 들여다보세요. 무슨 고민을 하면서 사셨습니까? 한 주간 내내 주님 생각, 교회 생각, 하나님 생각… 이것이 여러분 삶의 주된 문제였습니까? 아니면 먹고사는 문제, 자녀들 교육 문제, 내 인생의 앞길 문제 등 이러한 고민 속에 사셨습니까? 우리는 대부분 세상에 빠져 있습니다. 이렇게 잘사는데도 더 잘살려고 아등바등합니다. 더 나은 삶의 질, 더 나은 행복과 풍요, 이것이 여러분의 목표가 아닙니까? 우리가 교회만 다닐 뿐이지, 우리와 세상 사람들의 삶의 목표가 무엇이 다른가요? 우리의 가치관, 세계관, 인생의 목표에 어떠한 차이가 있습니까? 구별이 안 될 겁니다. 여기에 대해 성경은 뭐라고 말합니까?

> 이 세상이나 세상에 있는 것들을 사랑하지 말라 누구든지 세상을 사랑하면 아버지의 사랑이 그 안에 있지 아니하니(요일 2:15).

세상 것에 빠져 살지 말라고 합니다. 세상의 즐거움에 맛들이지 말라는 것입니다. 왜요? 우리 인생은 잠깐 피어오르는 안개나, 잠깐 눈요기하기 좋은 들꽃과 같이 금방 사라져버리기 때문입니다. 우리는 그것도 모르고 마태복음 24장의 사람들처럼 현실 속에서 잘살려고, 재미있게 살려고 온갖 노력을 합니다. 그러나 주님은 갑자기 오신다고 하셨습니다. 도적처럼 오십니다.

정신을 차리고 깨어 있어야 합니다! '오늘이 내 인생의 마지막 순간이다. 오늘 내가 주님 만날지 모른다. 오늘 주님이 오실지 모른다.' 이러한 마음을 가지고 살아야 합니다. 오늘 하루 이런 마음을 가지고 살아보세요. 마지막이라고 생각하면 싸울 게 어디 있습니까? 불평할 게 어디 있습니까? 갈등이 어디 있습니까? 교회와 직장, 가정에 전부 평화밖에 없는 것입니다. '오늘이 내 인생에 마지막이다', 이것이 바로 재림 신앙입니다.

② 재림을 기다리는 것이 진짜 신앙이기 때문이다.

우리 신앙의 선배들 가운데 존경할 만한 위인들을 보면, 한결같은 공통점이 있습니다. 전부 다 주님 오심을 간절히 기다리면서 사셨다는 것입니다. 그래서 하루하루 대충 살지 못합니다. 죄 짓지 못합니다. 그분들에게 얼마나 간절한 마음이 있었는지 모릅니다. 품격이 다른 신앙이죠.

평양 대부흥 운동의 주역이셨던 길선주 목사님은 요한계시록만 1만 독을 하고 늘 하늘에 소망을 두고 사셨습니다. 오실 주님을 기다리는 것이 중요했기 때문에 평생 가난하고 청빈하게 사셨습니다.

한국교회의 무디라고 불리시던 이성봉 목사님도 평생 하늘만 바라보면서 사셨습니다. 어느 정도였냐 하면, 마태복음 24장 41절에 두 사람이 맷돌질하다가 한 명만 하늘로 올라간다고 나오지 않습니까? 그래서 목사님은 밤에 자다가도 옆집 방앗간에서 방아 찧는 소리가 들리면, 혹시 주님이 오시지 않는가 하고 밖으로 나가서 하늘을 쳐다보셨다고 합니다. 이성봉 목사님이 즐겨 부르셨던 〈허사가〉라는 찬양이 있습니다. 가사를 보면, **"세상만사 살피니 참 헛되구나 부귀공명 장수는 무엇 하리요"** 라고 노래합니다. 오직 재림만 바라보고 사셨던 것입니다.

『사랑의 원자탄』의 손양원 목사님도 하늘을 바라보면서 천국 소망을 지니고 사셨습니다. 목사님은 늘 내세를 붙들고 하늘에 소망을 두었기에, 평생 명예나 재물이나 평안에 조금도 관심을 두지 않으셨습니다. 가난을 애처로 삼고, 고난을 스승으로, 죽음을 소망으로 삼으셨습니다. 손양원 목사님이 옥중 생활 속에서 힘들 때마다 불렀던 직접 만든 찬양, 〈주님 고대가〉를 보면 이분이 얼마나 하늘을 소망하셨는지 알 수 있습니다.

낮에나 밤에나 눈물 머금고, 내 주님 오시기만 고대합니다.
가실 때 다시 오마 하신 예수님, 오 주여 언제나 오시렵니까?
천 년을 하루같이 기다린 주님, 내 영혼 당하는 것 볼 수 없어서
이 시간도 기다리고 계신 내 주님, 오 주여 이 시간에 오시옵소서.

진짜 믿음의 사람은 늘 주님을 기다립니다. 인생의 목표이자 신앙의 목표가 아예 주님을 기다리는 것입니다.

바울을 보세요. 그 당시 모든 사람의 목표가 로마 시민권을 취득해서 로마에서 성공한 삶을 사는 것이었습니다. 하지만 바울은 "우리의 시민권은 천국에 있다. 비록 나는 로마 시민권이 있지만, 이건 아무것도 아니다. 천국 시민권이 진짜다!"라고 말하며 늘 하늘을 소망했습니다.

2024년 12월 29일, 대한민국 최고의 영화 시상식인 청룡 영화제에서, 악동 뮤지션의 이찬혁 씨가 공연을 했습니다. 2022년에 나온 자신의 앨범 《ERROR》에 나온 곡 중 〈파노라마〉와 〈장례희망〉이라는 곡을 불렀고, 이는 엄청난 무대가 되었습니다. 참석한 모든 배우가 열광했습니다. 그런데 마지막 퍼포먼스가 모두를 어리둥절하게 만들었습니다. 무대 뒤에 관이 있는데, 자기가 관에 들어가고 퇴장하는 것으로 끝났거든요. 그날 부른 〈장례희망〉이라는 곡은 미래의 꿈을 말하는 '장래 희망'이 아닌 자신의 죽음, 장례식의 희망을 말하는 내용이었습니다. 그날 그의 장례식 퍼포먼스는 '나의 죽음은 슬픔의 장례식이 아니다. 나는 천국을 소망한다. 그러기에 모든 사람들이 함께 파티를 벌일 것이다!'라는 의미였습니다. 가사의 내용이 무엇인 줄 아십니까?

아는 얼굴 다 모였네 여기에 한 공간에 다 있는 게 신기해
모르는 사람이 계속 우는데 누군지 기억이 안 나 미안해
종종 상상했던 내 장례식엔 축하와 환호성
또 박수갈채가 있는 파티가 됐으면 했네
왜냐면 나는 천국에 있기 때문에
할렐루야 꿈의 왕국에 입성한 아들을 위해
할렐루야 함께 일어나 춤을 추고 뛰며 찬양해

이 곡은 CCM이나 찬양곡이 아닙니다. 그런데 교회에 다니지 않는 사람들이 이 노래를 듣고 난 반응이 인상적입니다. 한 네티즌은 "난 기독교인이 아니지만, 누군가 선교를 어떻게 하는 게 가장 효과적이냐고 물어본다면 이 노래를 들려주고 싶다"라고 했습니다. "이런 노래라면 많은 사람이 성경을 읽어보고 싶어 할 것 같다"라고도 했습니다.

'기독교는 다르구나. 나도 천국 소망을 가지고 싶다.'
'나도 저렇게 죽고 싶다. 나도 저렇게 천국에 가고 싶다.'
'나도 교회 가서 신앙생활 하고 싶다.'

일반 대중가요 하나가 엄청난 파장을 일으켰습니다. 인기로 먹고사는 대중 가수가 괜히 종교적 편향을 드러내면 한순간에 인기와 협찬과 돈이 날아갈 수 있습니다. 그런데 이찬혁 씨는 전혀 신경 쓰지 않고 오히려 자기의 신앙을 분명히 드러냈습니다.

'나는 주님 만나길 소망합니다. 언제든 주님 앞에 가도 나는 좋습니다. 모두 파티를 열어주세요.'

젊은 친구가 누구도 하기 어려운, 재림 신앙이 무엇인지를 보여주었습니다. 천국 소망은 오늘 내가 사고로 죽는다 해도 파티를 벌일 수 있게 한다는 것을 보여주었습니다. 세상 사람들에게 '나는 천국을 소망합니다. 언제 죽어도 상관없습니다. 나는 재림을 믿습니다!'를 보여주고 싶었던 것입니다. 이게 진짜 신앙이죠. 세상 앞에서 내 믿음을 선포할 수 있는 것이 진짜 신앙입니다.

이스라엘아 네 하나님 만나기를 준비하라(암 4:12).

여러분은 주님 만날 준비가 되셨습니까? 우리는 매일 주님 만날 준비를 하면서 살아야 합니다. 그 마음이 있을 때, 진짜 성도입니다. 그래서 믿음의 성도는 이렇게 고백합니다.

아멘 주 예수여 오시옵소서(계 22:20).

제8장

성령을 믿습니다

(요 14:16-18)

내가 아버지께 구하겠으니 그가 또 다른 보혜사를 너희에게 주사
영원토록 너희와 함께 있게 하리니 그는 진리의 영이라
세상은 능히 그를 받지 못하나니 이는 그를 보지도 못하고
알지도 못함이라 그러나 너희는 그를 아나니 그는 너희와 함께 거하심이요
또 너희 속에 계시겠음이라 내가 너희를 고아와 같이 버려두지 아니하고
너희에게로 오리라(요 14:16-18).

제가 전도사이던 시절에, 저희 담임 목사님은 유명한 부흥사셨습니다. 그 목사님이 예배 때 자주 부르셨던 찬양이 있습니다.

성령 받으라 성령 받으라 예수 내게 말씀하셔서…
할렐루야 성령 받았네 나는 성령 받았네.

예배 시간에 이 찬양을 정말 자주 불렀습니다. 이런 찬양을 부르면 '과연 나는 성령을 받았는가, 못 받았는가?'라는 질문을 하게 됩니다. 또 '성령을 받은 것이 과연 무엇인가?' 하는 생각도 듭니다.
우리는 보통 성령을 받았다고 하면, 능력을 받은 것으로 생각합니다. 예전에 신사도 운동에서 한창 많이 했던 것처럼 기도하며 사람을 쓰러뜨리는 모습이나, 조용히 기도하지 않고 방언으로 '룰루랄라' 기도해야만 성령을 받았다고 생각하는 경향도 있습니다. 그래서 사람들은 성령을 '울트라 파워 능력' 정도로 생각합니다. 이것은 성령에 대한 가장 큰 오해입니다.

이번에는 성령에 대한 내용을 살펴보려고 합니다. 내용은 매우 단순합니다. **'성령을 믿사오며'**입니다. 사도신경에는 열두 번에 걸쳐 '나는 믿습니다'라는 표현이 나오는데, 첫 번째가 성부 하나님, 두 번째부터 일곱 번째가 성자 하나님, 여덟 번째가 성령 하나님에 대한 것입니다. 실은 후에 나오는 아홉 번째부터 열두 번째까지 모두 성령님과 연결된 고백입니다.

먼저 성경에서 말하는 성령님이 과연 어떠한 분인지를 알아보겠습니다.

1. 성령님은 어떤 분이신가?

① 성령님에 대한 언급은 성경 맨 처음부터 등장한다.

태초에 하나님이 천지를 창조하시니라 땅이 혼돈하고 공허하며 흑암이 깊음 위에 있고 하나님의 영은 수면 위에 운행하시니라 (창 1:1-2).

놀랍게도 성경의 시작과 동시에 성령님이 등장합니다. 천지 창조 때 이미 성령님이 등장합니다. 하나님의 영이 바로 성령님에 대한 표현입니다.

주의 영을 보내어 그들을 창조하사 지면을 새롭게 하시나이다(시 104:30).

주의 영, 성령님은 분명히 창조 사역에 동참하신 분으로 나타납니다. 이렇듯 성령님은 창조부터 성경의 내용 끝까지 계속 나타나고 계십니다.

② 성령님은 성부와 성자와 동일 본질의 하나님이시다.

무슨 뜻입니까? 성령님은 어떠한 놀라운 능력이 아니라, **하나님이시라는 뜻입니다.** 삼위일체라는 말을 들어보셨을 것입니다. 하나님은 분명 **한 분**이십니다.

하나님도 한 분이시니(엡 4:6).

그런데 성부 하나님도 계시고, 성자 하나님도 계시고, 성령 하나님도 각각 계십니다. 한 분 하나님이신데 각각 세 개의 위격, 세 개의 인격체로 계십니다. 이것이 삼위일체입니다. 성경 곳곳에서 삼위일체 하나님이 나옵니다. 예수님이 하늘로 승천하시면서 말씀하신 "아버지와 아들과 성령의 이름으로 세례를 베풀고"(마 28:19)라는 말씀도 삼위일체에 근거한 것입니다.

따라서 성령님이란 성부 하나님, 성자 하나님과 동일한 본질을 가진 참되신 하나님이십니다. 성부와 성자와 성령은 그 존재와 영광과 능력에 있어서 동일하십니다. 그리고 세 분 하나님이 아닌, 한 분 하나님이십니다.

사도행전 5장을 보면 초대 교회에 아나니아와 삽비라 부부가 등장합니다. 이들은 땅을 팔아서 그 돈을 하나님께 바쳤는데, 일부를 자기들이 가로채고는 다 바친 것으로 거짓말을 했습니다. 이때 베드로는 "성령을 속였다"라며 이들의 죄를 지적합니다.

> 베드로가 이르되 아나니아야 어찌하여 사탄이 네 마음에 가득하여 네가 성령을 속이고 땅 값 얼마를 감추었느냐 … 어찌하여 이 일을 네 마음에 두었느냐 사람에게 거짓말한 것이 아니요 하나님께로다 (행 5:3-4).

베드로는 성령님을 하나님이라고 말하고 있습니다. 우리는 성령님이 하나님이시라는 사실을 반드시 알아야 합니다.

2. 성령님이 하시는 사역은 무엇일까?

성령님은 하나님이시기 때문에 무척 많은 사역들을 하시는데, 대표적인 것 몇 가지만 살펴보겠습니다.

내가 아버지께 구하겠으니 그가 또 다른 보혜사를 너희에게 주
사 영원토록 너희와 함께 있게 하리니 그는 진리의 영이라 세상
은 능히 그를 받지 못하나니 이는 그를 보지도 못하고 알지도 못
함이라 그러나 너희는 그를 아나니 그는 너희와 함께 거하심이
요 또 너희 속에 계시겠음이라 내가 너희를 고아와 같이 버려두
지 아니하고 너희에게로 오리라(요 14:16-18).

① 영원히 우리와 함께하신다.

예수님은 제자들에게 자신이 떠나실 것, 즉 승천을 말씀하십니
다. 제자들은 스승이 없어진다고 말에 깊은 걱정과 불안에 빠졌습
니다. 바로 그때 예수님은 당신이 가시면 보혜사가 오실 것이라고
말씀하셨습니다. 보혜사는 '위로자'라는 뜻으로, 성령님의 기능과
사역을 나타내는 호칭입니다. 예수님은 "성령 하나님이 너희와 영
원히 함께하실 것이다. 나는 3년 동안만 너희와 함께했지만, 성령
하나님은 너희와 영원히 함께하시는 분이다"라고 말씀하셨습니다.

성령님은 우리와 함께하십니다. 예수를 나의 구주로 영접하는
순간, 여러분 안에 들어오셔서 영원히 함께하시는 하나님이십니다.

② 가르쳐주신다.

보혜사 곧 아버지께서 내 이름으로 보내실 성령 그가 너희에게

모든 것을 가르치고 내가 너희에게 말한 모든 것을 생각나게 하리라(요 14:26).

성령님은 우리에게 가르침을 주시는 영입니다. 요한복음 14장 17절에서 '그는 진리의 영'이라고 했습니다. 성령님은 우리에게 진리를 가르쳐주십니다. 깨달아 알게 해주십니다. 성경을 읽을 때나 QT할 때, 놀라운 비밀과 영감을 얻는 것은 성령님이 하시는 일입니다. 설교를 듣는 가운데 엄청난 감동과 은혜가 임할 때가 있지 않습니까? 그것은 목사가 하는 것이 아니라, 성령님이 하시는 일입니다. 성령님은 우리에게 깨달음을 주십니다. 그래서 우리는 설교 전이나 예배 전에 반드시 기도해야 합니다.
"성령님, 나에게 말씀하여 주옵소서."
QT할 때나 성경을 읽을 때도, "성령님, 오늘 이 시간 말씀의 비밀을 깨달아 알게 하옵소서"라고 기도해야 합니다.
진리에 대한 깨우침은 반드시 성령을 통해서 이뤄지게 됩니다.

③ 신앙의 열매를 맺게 하신다.

내가 이르노니 너희는 성령을 따라 행하라 그리하면 육체의 욕심을 이루지 아니하리라(갈 5:16).

성경이 우리에게 말씀하시는 것은 "성령을 따라 행하라"입니다. 성령님이 우리에게 역사하실 때, 우리는 육체의 욕망 속에 빠지지 않게 된다고 합니다. 우리는 본능적으로 죄인이기 때문에 그냥 두면 다들 죄악 가운데 살게 됩니다. 그래서 갈라디아서 5장에 보면 우리가 육체 가운데 있을 때 나오는 행위들이 열거됩니다. 음행, 더러운 것, 호색, 우상 숭배, 주술, 원수 맺는 것, 분쟁, 시기, 분냄, 당 짓는 것, 분열, 이단, 투기, 술 취함, 방탕함입니다.

하지만 여러분이 성령의 사람으로 살아갈 때, 이런 모습이 사라지게 됩니다. 성령님이 여러분 가운데 역사하실 때, 육신의 모습은 사라지고 성령의 열매를 맺게 되는 것입니다.

> 오직 성령의 열매는 사랑과 희락과 화평과 오래 참음과 자비와 양선과 충성과 온유와 절제니 이같은 것을 금지할 법이 없느니라(갈 5:22-23).

이러한 열매는 성령님이 우리의 삶에 역사하고 계신다는 증거입니다. 이번 장에서 우리는 사도신경의 내용 중 **'성령을 믿사오며'**를 배우고 있는데, 여러분 가운데 성령을 믿지 않는 분은 거의 안 계실 것입니다. 그렇다면 우리가 성령을 안 믿어서 이 내용이 사도신경에 기록된 것일까요? 그보다는, 성령의 역사를 체험하지 못하는 성도들이 많기에 이 부분이 기록되었다고 생각됩니다. 성령님이 계시고 성령님이 역사하시는데, 이게 내 삶과 아무런 상관관계가 없다면 그것은 매우 슬픈 일입니다. 오늘도 우리 가운데 계시는 성령님은 여러분과 깊은 연관성이 있습니다. 이 사실을 아는 것이 사도신경에서 매우 중요합니다.

3. 내 삶에 나타난 성령의 역사하심의 증거는 무엇이 있는가?

쉽게 설명하자면, 지금 여러분이 성령을 체험하고 있는지, 성령을 받았는지 안 받았는지를 확인할 필요가 있다는 것입니다. 다음의 질문을 보면 쉽게 확인할 수 있습니다.

① **당신에게 체험적 신앙이 있는가?**

우리 기독교 신앙은 체험적입니다. 이것은 아이들의 예배 모습에서도 확연히 드러납니다. 같은 초등학생인데도 각자 신앙의 체험에 따라 아이들마다 예배하는 모습이 다릅니다. 여전히 장난만 치는 아이들이 있고, 예배에 매우 집중하는 아이들도 있습니다. 이런 차이는 청소년들을 보면 더 확연히 나타납니다. 사실 청소년들에게 설교하는 것은 결코 쉬운 일이 아닙니다. 저 같은 사람에게도 계속해서 청소년 집회 요청이 들어오는 이유는, 많은 분들이 어려움 때문에 그 자리를 기피하기 때문입니다. 기라성과 같은 목사님들도 청소년 집회를 인도하고 오면 시험에 듭니다.

그런데 청소년들을 보면 다 엉망이지만은 않습니다. 어느 겨울에 만났던 마산의 교회 청소년들은 설교만 하면 모든 학생이 두 손을 들고 "아멘"을 했습니다. 어느 교회는 기도하자고만 하면 청소년들이 자연스럽게 모두 무릎을 꿇는 모습을 봤습니다.

어떤 아이들은 예배에 관심이 없고 중간에 돌아다니고 있는데, 어떤 아이들은 눈물로 매주 예배를 드립니다. 그 차이가 어디에 있을까요? 체험입니다.

실은 장년도 동일합니다. 체험이 있는 분과 없는 분의 차이는 무척 큽니다. 예배의 태도를 보게 되면, '아, 저분은 체험이 있구나. 저분은 안타깝지만 체험이 없구나' 하고 보입니다.

여러분, 누군가는 예수 그리스도를 인격적으로 만난 적이 있습니다. 주님에 대한 체험이 있습니다. 한편 다른 누군가는 교회를 평생 다녔음에도 체험이 없습니다. 이 체험은 반드시 성령을 통해서 나타나게 되어 있습니다.

또 성령으로 아니하고는 누구든지 예수를 주시라 할 수 없느니라(고전 12:3).

성령의 역사가 임할 때, 우리는 예수를 주로 시인하게 됩니다.

따라서 성령을 경험한 자의 예배하는 모습은 다릅니다. 예수를 주로 고백한 사람은 예배를 대충 드릴 수 없습니다.

만일 너희 속에 하나님의 영이 거하시면 너희가 육신에 있지 아니하고 영에 있나니 누구든지 그리스도의 영이 없으면 그리스도의 사람이 아니라(롬 8:9).

여기서 '그리스도의 영'은 성령을 말합니다. 성령이 있을 때, 성령의 역사를 체험할 때, 그 사람이 그리스도의 사람, 즉 그리스도인이 되는 것입니다.

교회에서 예배는 드리지만 무미건조한 신앙의 모습이 보이고, 열정이나 뜨거운 모습이 전혀 보이지 않는다면 아직 성령을 체험하지 못했을 확률이 매우 큽니다. **성령은 불입니다. 우리를 뜨겁게 하십니다.** 예배를 그냥 드릴 수가 없습니다. 우리의 마음이 뜨거워져 무조건 반응을 하게 되어 있습니다.

초대 교회는 성령과 함께 시작되었습니다. 모든 사도들, 교회의 주축 멤버들은 성령을 받고 사역을 시작했습니다. 그래서 이후로 그들이 교회의 중직자를 뽑을 때 내건 첫 번째 조건이 무엇인 줄 아십니까? 성령을 경험한 사람입니다.

형제들아 너희 가운데서 성령과 지혜가 충만하여 칭찬 받는 사람 일곱을 택하라 우리가 이 일을 그들에게 맡기고(행 6:3).

교회가 건강하려면 성령을 체험한 사람이 교회의 일을 해야 합니다. 성령을 체험했다는 것은 예수를 나의 구주로 진실로 고백했다는 뜻입니다. 이 고백이 없는 사람이 교회의 일꾼이 되면 교회는 심각한 문제 가운데 빠지고, 결국 그 교회는 죽게 됩니다.

베드로를 보면 성령을 받는 것이 얼마나 중요한지 잘 알 수 있습니다. 성령을 받기 전 그는 예수를 모른다고 세 번이나 부인했고 결국 도망쳤습니다. 하지만 오순절에 성령을 체험한 다음, 그는 교회의 리더가 되었고 그가 설교할 때 3천 명, 5천 명이 회심했습니다. 교회의 큰 부흥의 도구가 된 것입니다.

② **당신은 복음에 미쳐 있는가?**

성령을 받은 또 하나의 증거는 이것입니다.

오직 성령이 너희에게 임하시면 너희가 권능을 받고 예루살렘과 온 유대와 사마리아와 땅 끝까지 이르러 내 증인이 되리라 하시니라(행 1:8).

성령의 역사가 임할 때, 우리에게 권능이 임하게 됩니다. 능력을 받게 됩니다. 무슨 능력일까요? 복음을 증거하는 능력입니다.

진리의 성령이 오실 때에 그가 나를 증언하실 것이요(요 15:26).

성령을 체험하게 되면 예수 그리스도를 증거하고 싶어 견디지 못하게 됩니다. 교회에서 전도하라고 말하는 것과는 상관없이 전도의 마음이 생기게 됩니다.

사도 바울을 보십시오. 몸이 만신창이가 되고 그 고통과 환란 속에서도 목숨을 걸고 1차, 2차, 3차 전도여행을 간 이유가 무엇이겠습니까? 몸은 따르지 않는데, 성령님이 강권하신 것입니다.

서구권 선교사들이 조선 땅에 들어올 때, 그들의 평균 나이가 26세였습니다. 그들은 왜 젊음을 불사르고 이 땅에 왔을까요? 성령을 경험하게 되면, 예수 그리스도밖에 떠오르지 않게 되기 때문입니다. 성령님이 역사하시면, 오직 예수 그리스도만 보입니다. 그러니 복음을 전하지 않을 수 없습니다.

우리 교회 1, 2, 3부 예배 중에서 가장 뜨거운 예배는 3부입니다. 성령 충만한 청년들이 많이 있습니다. 그래서 거의 매주 새로운 청년들이 옵니다. 교회 근처에 청년들이 많이 살아서가 아닙니다. 인천, 파주, 김포, 안산 등 멀리서도 옵니다. 또한 작년에만 약 80명의 청년들이 선교를 다녀왔습니다. 올해도 많은 청년들이 선교를 준비하고 있습니다. 예수 그리스도 복음을 증거하지 않을 수 없는 것입니다. 이것이 바로 성령님이 임하신 증거죠.

여러분, 누군가를 전도해 본 적이 있습니까? 없다면 여러분의 영적 상태를 의심해 봐야 합니다. 나는 과연 성령을 받았는가?라고요. 누군가에게 예수님을 전하고 싶은 충동이 전혀 없습니까? 그렇다면 대단히 죄송하지만, 여러분은 성령과 상관없는 삶을 살고 있을 확률이 매우 큽니다. 그냥 세상 속에서 살고 있는 것입니다. 성령을 체험한 증거는 복음을 위해 사는 것입니다. 내 뇌리에 예수 그리스도가 넘치는 것입니다. 이게 성령을 체험한 사람의 특징입니다.

③ 회복을 체험하고 있는가?

우리의 신앙은 사이클이 있습니다. 아무리 믿음이 좋은 사람도 업(up)이 있고 다운(down)이 있습니다. 심한 경우에는 '어떻게 하나님을 믿는 사람이 저런 죄를 지을 수 있지?'라고 할 만한 행동을 합니다. 바닥을 칠 때는 완전히 영적으로 무너져 내려서 소생 불가 상태로 가는 경우도 있습니다.

그 대표적인 인물이 다윗입니다. 다윗을 보세요. 성경에서 하나님의 사랑을 다윗만큼 많이 받은 인물이 누가 있습니까? 시편의 그 많은 시의 절반 이상을 다윗이 기록했습니다. 그는 '하나님 마음에 합한 사람'이라는 칭호를 받았습니다.

다윗이 고난 속에서는 하나님을 잘 붙잡았습니다. 핍박 속에서는 믿음을 잘 지켰어요. 그런데 신기하게도, 고난과 핍박이 사라지자 그가 무너지게 됩니다. 참 신기하죠? 시편 119편의 저자가 다윗이라고 많이 말합니다. 71절에서 다윗이 이런 고백을 합니다.

"고난 당한 것이 내게 유익이라."

왜 그랬을까요? 오히려 힘들고 어려울 때는 주님만 붙잡았습니다. 그런데 모든 고통이 끝났습니다. 어려움이 다 끝나고 나니 주님과 상관없는 삶을 살게 됩니다. 그래서 꼭 고난이나 어려움이 나쁜 것이 아닙니다.

다윗은 그의 고통이 다 끝난 그 시점에 죄를 짓습니다. 밧세바 사건으로 자기 부하의 아내를 빼앗고, 자기 부하를 죽입니다. 이 엄청난 범죄를 저지르게 되는 것이 다윗의 '다운'입니다. 세상에 하나님 마음에 합한 사람이 간음과 살인이라는 끔찍한 죄를 짓는 것이 말이 됩니까? 그런데 그 뒤에 다윗이 회개합니다.

> 하나님이여 내 속에 정한 마음을 창조하시고 내 안에 정직한 영을 새롭게 하소서(시 51:10).

그는 죄를 뉘우치고 간절하게 회개했습니다. 다윗이 영적으로 좌절을 겪고 가장 낮은 위치에 있었을 때 참기 어려운 힘든 고통이 무엇이었냐면, 주의 성령이 떠나가버리신 것이었습니다. 늘 그와 함께하셨던 성령님이 더 이상 그 안에서 역사하시지 않은 것입니다. 성령은 죄와 함께 공존하시지 않습니다. 죄가 있는 곳에는 성령의 역사가 없습니다. 그래서 다윗은 이렇게 고백합니다.

나를 주 앞에서 쫓아내지 마시며 주의 성령을 내게서 거두지 마소서(시 51:11).

성령과 함께하지 못하는 고통 속에 다윗은 주의 성령을 거두지 말아 달라며 고백합니다. 그리고 이 기도를 하나님이 들어주십니다. 그리고 다시 그를 회복시키셨습니다. 그래서 시편 51편이 만들어진 것입니다.

주의 구원의 즐거움을 내게 회복시켜 주시고 자원하는 심령을 주사 나를 붙드소서(시 51:12).

결국 다윗의 기도 제목대로 되었습니다. 성령은 무너진 우리를 회복시키십니다. 성령은 우리를 회복시키는 영이십니다. 우리가 무너질 때, 넘어질 때, 좌절의 순간 속에 반드시 등장하셔서 우리를 세우십니다. 힘을 주십니다. 그래서 성령의 별명이 보혜사죠. '파라클레토스'(παράκλητος), 즉 보호자, 중재자, 위로자, 우리 곁에서 우리를 도우시는 분입니다. 우리 안에 깨진 하나님의 형상을 회복시켜 주십니다. 무너진 내 자아를 다시 세워주십니다. 이게 바로 성령님이 하시는 일입니다.

살다 보면 모든 것을 포기하고 싶은 절망적인 최악의 순간이 있습니다. 그러나 성령의 사람은 반드시 회복을 경험하게 됩니다.

예수님을 믿는 순간 내 안에 계시는 성령님이 나타나셔서 우리를 회복시켜 주십니다. 무너졌던 내 자아가 한순간에 회복됩니다. 내 마음, 내 꿈, 모든 것이 회복되는 것이 성령의 일입니다.

유진소 목사님의 책 『나는 믿는다』에 이런 이야기가 있습니다. 우리가 잘 아는 찬양 중에 '**힘들고 지쳐 낙망하고 넘어져 일어날 힘 전혀 없을 때에**'라는 가사의 곡이 있습니다. 이 찬양은 이은수 목사님이 작곡하고 작사는 이재왕 형제가 했습니다. 실은 이 찬양 가사에 이재왕 형제의 스토리가 담겨 있습니다.

이재왕 형제는 네 살 때부터 선천적 근육병으로 몸이 아파서 어머니가 업어서 키웠습니다. 학교도 초등학교밖에 못 갔습니다. 의사는 그가 스무 살을 넘기지 못할 거라고 말했습니다. 그런데 하나님의 은혜로 버텼고, 혼자서 5백 편의 찬양 시를 만들었습니다. 그는 서른 세 살에 하나님의 부르심을 받았습니다. 이재왕 형제에게 가장 힘든 시기는 20대였습니다. 그러지 않았을까요? 정신은 멀쩡한데 몸을 쓸 수 없는 질병 속에 있으니 얼마나 우울했을까요? 매일 무력감, 좌절감, 절망감밖에 없었고 죽고 싶은 마음이 컸습니다. 그런데 하루는 우연히 성경을 보다가, 바로 이 말씀이 눈에 보였다고 합니다.

내가 여호와의 명령을 전하노라 여호와께서 내게 이르시되 너는 내 아들이라 오늘 내가 너를 낳았도다(시 2:7).

이 말씀을 보는 순간, 성령님이 이재왕 형제에게 임하셨습니다. 말씀에 대한 깨달음과 감동이 밀려오게 되었습니다. 이게 성령님이 하시는 일입니다. 그간 자신은 저주받은 사람으로 육신의 고통 가운데 살았다고 생각했고 자신의 삶이 비참하다고 여겼는데, 하나님은 "재왕아, 내가 너를 낳았다. 너는 내 아들이다. 내가 너를 위해서, 내 아들을 십자가에 못 박아 죽게 했다. 너는 매우 특별한 존재야!"라고 말씀하신 것입니다. 그 순간, 엄청난 감동이 그의 안에 몰려오게 되었습니다. 그래서 그날, 이 가사를 썼습니다.

힘들고 지쳐 낙망하고 넘어져 일어날 힘 전혀 없을 때에
조용히 다가와 손잡아 주시며 나에게 말씀하시네
나에게 실망하며 내 자신 연약해 고통 속에 눈물 흘릴 때에
못 자국 난 그 손길 눈물 닦아 주시며 나에게 말씀하시네
너는 내 아들이라 오늘날 내가 너를 낳았도다
너는 내 아들이라 나의 사랑하는 내 아들이라

이것은 말씀을 통해서 성령님이 역사하신 체험이었습니다. 그러고는 그가 완전히 회복되어서, 우리에게 이 멋진 찬양을 선사했습니다. 성령은 이렇게 우리를 회복시키는 영이십니다. 살다 보면, 힘들 때가 얼마나 많이 있습니까? 좌절의 순간, 절망의 순간, 고통의 그 순간에 어김없이 찾아오시는 분이 성령 하나님이십니다.

제9장

거룩한 공회와
성도가 교통하는 것을
믿습니다

(엡 2:20-22)

너희는 사도들과 선지자들의 터 위에 세우심을 입은 자라
그리스도 예수께서 친히 모퉁잇돌이 되셨느니라
그의 안에서 건물마다 서로 연결하여 주 안에서 성전이 되어 가고
너희도 성령 안에서 하나님이 거하실 처소가 되기 위하여
그리스도 예수 안에서 함께 지어져 가느니라(엡 2:20-22).

그리스도인이라고 하면서 교회는 안 나가는 성도를, '안 나가'를 거꾸로 해서, '가나안 성도'라고 합니다. 양희송 저자의 『가나안 성도, 교회 밖 신앙』이라는 책에 이런 글이 있었습니다.

이 분은 중학교 2학년 때부터 고향에서 장로교회를 다니기 시작했고, 서울로 대학을 진학한 다음 서울의 한 대형교회를 잘 다녔습니다. 국내에서도, 유학 시절 외국에서도 신앙생활을 잘 했습니다. 지금은 대학교 교수인데, 미국에서 안식년을 보내고 한국에 귀국한 다음에는 주일마다 예배당이 아닌 조용한 카페로 갑니다. 아메리카노를 한 잔 시켜놓고 홀로 성경을 읽고 묵상합니다. 좋은 목사님의 설교도 한 편 듣습니다. 본인은 굳이 교회 가는 것보다 혼자 카페에서 성경을 읽고, 인터넷으로 설교를 듣는 것이 훨씬 낫다는 것입니다. 그리고 어떻게 쓰이는지도 잘 모르는 헌금을 하는 것보다 주변의 힘들어하는 후배에게 카카오톡으로 30만 원씩 보내주면서 사는 게 마음이 훨씬 더 편하다고 합니다.

어떻게 생각하십니까? 저희 교인들을 보면 멀리서 오시는 분들이 많습니다. 주일날 굳이 교회가 있는 먼 청파동까지 와서 예배를 드려야만 할까요? 그냥 주일날 집 앞 카페에 가서 홀로 조용히 예배를 드리면 안 될까요?

2023년 한국기독교목회자협의회 조사에 의하면, 우리나라 개신교 성도의 수가 771만 명인데 이 중에 교회는 안 다니면서 그리스도인이라고 하는 성도가 226만 명이나 된다고 합니다. 생각보다 교회에 나가지 않는 가나안 성도가 많은 것을 알 수 있습니다.

이 시대를 살고 있는 많은 교인들이 교회가 무엇인지를 잘 모르고 있는 것 같습니다. "내가 하나님을 믿고 예수님을 믿고, 나에게 신앙이 있는데 굳이 제도권 교회를 나갈 필요가 있나?" 이런 말을 많이 듣습니다.

이번 장은 사도신경 아홉 번째 내용으로, **'거룩한 공회와, 성도가 서로 교통하는 것'**을 살펴봅니다. 바로 교회에 대한 것입니다. 교회가 얼마나 중요한지, 얼마나 필요한지를 우리에게 분명하게 보여주고 있는 말씀입니다. 사도신경에 교회에 대한 고백을 포함시킨 것은 교회의 중요성을 우리 믿음의 본질적 요소로 인정한다는 의미입니다. 믿음이 잘 적립되려면 교회를 바로 알아야 합니다.

1. 교회란?

보통 우리에게 '교회' 하면 떠오르는 이미지는 교회 건물일 것입니다. 그러나 정확히 말하면 교회는 건물이 아닙니다. 건물은 교회당이라고 하죠.

구약에는 교회를 뜻하는 단어가 크게 두 개가 나오는데, 하나는 '카할'(קהל)입니다. 카할은 원래 '부르다'에서 파생된 단어로, '부름 받아 모인 공동체'라는 뜻입니다. 또 '에다'(עדה)라는 단어가 있는데, '하나님께로부터 지정된 장소에서 모이는 모임'이라는 뜻입니다. 둘 다 하나님 백성들의 모임을 교회라고 정의하고 있습니다. 신약에는 교회를 뜻하는 단어로 '에클레시아'(ἐκκλησία)가 있습니다. 이 단어는 '에크'(-로부터)와 '클레시아'(부름 받은 사람들)가 결합된 단어로 '하나님께로부터 부름 받아 모인 무리'라고 정의할 수 있습니다.

과연 제가 설명하고 있는 것을 얼마나 잘 이해하시는지 퀴즈를 내보겠습니다. 둘 중 무엇이 교회일까요?

A: 멋진 건물에 사람들이 가득한데, 아무도 예수를 안 믿는다.
B: 건물 없이 매주 떠돌이 생활을 하는데, 모두 예수를 믿는다.

B가 교회입니다. 건물이 있다고 해서 교회인 것이 아니라 예수를 믿는 사람들의 모임이 교회입니다. 그래서 여러분, 바로 우리가 교회라는 것입니다. 신약 교회의 태동을 알리시는 예수님의 선포를 보세요.

또 내가 네게 이르노니 너는 베드로라 내가 이 반석 위에 내 교회를 세우리니 음부의 권세가 이기지 못하리라(마 16:18).

베드로가 예수님을 향해서 '주는 그리스도시요 살아계신 하나님의 아들'이라는 백 점짜리 신앙고백을 하자, 예수님이 베드로에게 "내가 이 반석 위에 교회를 세울 것이다!"라고 말씀하셨습니다. 교회는 예수를 구주로 믿는 성도들의 신앙고백을 토대로 만들어져 있고, 이렇게 신앙고백하는 성도들의 모임이 교회인 것입니다.

2. 교회의 속성

그렇다면 교회에는 어떤 속성과 특징들이 있을까요? A.D. 381년 니케아-콘스탄티노폴리스 신경에서 교회에 대해서 이렇게 규정지었습니다.

"하나이고 거룩하고 보편되며 사도로부터 이어오는 교회를 믿나이다"

여기에 보면 교회의 속성은 네 가지로 정리가 됩니다.

통일성(one): 하나인 교회

거룩성(holy): 거룩한 교회

보편성(catholic): 보편된 교회

사도성(apostolic): 사도로부터 이어오는 교회

사도신경을 보면 '**거룩한 공회**'라고 나와 있는데, 이 표현은 우리에게 교회의 네 가지 속성 중에서, 중요한 두 가지 속성을 말해 주고 있습니다.

① 거룩성

제가 어렸을 때는 교회에서 '거룩'이라는 개념을 정말 많이 강조했습니다. 예를 들어 강대상은 아무나 올라갈 수 있는 곳이 아니었습니다. 목사님이나 장로님 정도만이 올라갈 수 있는 곳이었죠. 만약 아이들이 호기심에 강대상에 올라갔다 발각되면 심하게 꾸중을 들었습니다. 왜 그랬을까요? 그곳이 거룩한 곳이라는 인식 때문이었습니다. 구약시대의 지성소와 같은 성스러운 공간으로 여겨졌던 것입니다. 실제로 어떤 교회들을 보면, 강대상이 있는 곳이 상당히 높게 설계되어 있습니다. 아무나 함부로 올라올 수 없는 영역임을 보여주는 것이었습니다.

예배 시간에 소리를 내는 것은 금기였습니다. 박수를 치는 것은 상상할 수도 없는 일이었죠. 기도할 때도 조용히 해야 했습니다.

만약 누군가 큰 소리로 기도하면 주변에서 제지했습니다. 심지어 '거룩한 톤'이 있다고 여겨졌습니다. 찬양에서도 마찬가지였습니다. 드럼 같은 악기는 세속적이라고 여겨져 사용할 수 없었고, 오직 피아노나 오르간 반주에 맞춰 찬송가만 부르는 것이 거룩함이라고 생각했습니다. 과연 이런 과거의 모습이 성경에서 말하는 거룩일까요? 결론부터 말씀드리자면, 이러한 행위적 모습은 교회의 거룩과는 아무런 상관이 없습니다.

우선 거룩은 '죄가 없다', '순결하다' 등의 의미입니다. 성경에서 거룩하신 분은 하나님 한 분밖에 없습니다. 또한 거룩은 죄악 된 세상에서의 분리를 의미합니다. 교회가 거룩하다는 것은, 교회가 그리스도로 말미암아 구원받은 백성들로 구성되었기 때문에 더러운 세상과 구별되었다는 뜻입니다.

> 이는 곧 물로 씻어 말씀으로 깨끗하게 하사 거룩하게 하시고 자기 앞에 영광스러운 교회로 세우사 티나 주름 잡힌 것이나 이런 것들이 없이 거룩하고 흠이 없게 하려 하심이라 (엡 5:26-27).

교회의 거룩은 어떻게 유지될 수 있을까?

이승구 목사님은 『사도신경』에서 다음을 설명합니다.

첫째, 사도들의 가르침에 충실하여 하나님의 말씀을 잘 받아들일 때 거룩을 유지하게 됩니다. 그래서 교회에서 가장 중요한 것이 하나님의 말씀입니다. 하나님의 말씀이 능력 있게 선포되고, 교인들은 그 말씀 가운데 은혜를 받을 때, 우리가 거룩으로 다가가게 되는 것입니다.

둘째, 말씀의 역사는 성령을 통해서 이뤄지는데, 성령의 역사가 충만할 때 거룩을 유지합니다.

셋째, 이 땅에 완벽한 교회는 없고, 완벽한 성도는 없습니다. 성령의 역사로 인해서 거룩함과 성화의 모습으로 나아갈 때, 교회는 거룩해지며 그것을 유지할 수 있는 것입니다.

우리가 꿈꿔야 할 교회는 거룩한 교회입니다. 거룩은 외관에서 오는 것이 아닙니다. 스페인에 있는 사그라다 파밀리아 성당을 보세요. 모습 자체로 얼마나 거룩해 보입니까? 이름부터 '사그라다'(Sagrada), 거룩하다는 뜻이며 이 성당은 141년째 건축 중입니다. 이 교회가 거룩해 보이시나요? 교회의 거룩은 건물이나 본당의 시설에서 오지 않습니다. 예배의 형식에서 오는 것도 아닙니다.

그러면 거룩은 어디에서 올까요? 성도들의 모습 속에서 옵니다. 우리가 얼마나 말씀 중심으로 살아가는가? 우리가 얼마나 성령 충만한가? 우리가 얼마나 주님을 닮아가는가? 우리가 얼마나 성화되었는가? 이게 중요합니다.

② **보편성**

사도신경을 보면 오해의 소지가 큰 부분이 나옵니다. 특히 영어로 볼 때 그러한데, 오늘 우리가 다루고 있는 부분이 'the holy catholic church'(거룩한 가톨릭 교회)입니다. 앞에서 'holy' 부분은 살펴보았고, 다음으로 나오는 내용이 'catholic church'라는 표현입니다.

'가톨릭 교회'를 우리말 번역에는 '공회'라고 해놓았습니다. 그래서 사도신경을 오해하면 '우리가 무슨 가톨릭을 믿느냐?' 이런 생각이 듭니다. 그러나 우선 'catholic'의 의미가 '보편적인'이라는 것을 알아야 합니다. 영어 단어 중에 'universal'이 동의어입니다. 사도신경에서 말하는 교회는 성당 즉 가톨릭교회를 말하는 것이 아니라 보편적 교회를 믿는다는 뜻입니다. 우리가 믿는 교회는 보편적 교회라는 의미이죠.

보편의 의미가 무엇입니까? 특별하지 않고 일반적이라는 것입니다. 손재익 목사님은 교회가 보편적이라는 말의 의미를 '시간과 공간에 있어서의 보편'이라고 설명했습니다. 따라서 교회는 인류 역사와 함께 시작했습니다. 교회는 언제 어디서든지 있었습니다. 사도행전 7장 38절에 보면 광야에도 교회가 있었고, 악한 왕이 다스렸던 때도 교회가 있었고, 바벨론 포로로 끌려갔을 때에도 교회가 있었습니다. 신약 시대에도 있었고, 중세의 암흑기에도, 일제 강점기에도 교회가 있었습니다. 교회는 영원히 있는 것입니다. 이것이 시간 속에서 알 수 있는 교회의 보편성입니다.

이 교회의 보편성으로 인해 교회는 차별이 없어야 합니다. 무슨 뜻이냐면, 교회 안에 인종, 성별, 지위, 교육 정도에 의해서 차별이 없어야 한다는 것입니다. 과거 미국에 신분제도가 있을 때를 보면, 흑인 교회와 백인 교회가 따로 있었습니다. 이것은 교회의 보편성을 훼손하는 일입니다. 그런데 지금도 보면 특정 직업군만 모이는 교회가 있습니다. 어떤 교회는 의사들만 모입니다. 어쩌다 보니 그럴 수도 있지만, 계속해서 그 교회가 특정 직업군만 모이게 된다면 그것은 보편성을 훼손하는 일입니다.

또 어떤 교회는 특정 지역 출신들만 모입니다. 어떤 교회는 경상도분들만 모여 있습니다. 다른 교회는 전라도분들만 다 모였습니다. 역시 보편성을 훼손하는 일입니다. 어떤 교회는 특정 정치적 성향을 가진 사람들만 모여 있습니다. 이것도 교회의 보편성을 훼손하는 일입니다.

교회는 차별 없이 누구나 올 수 있어야 건강하고 좋은 교회입니다. 가난한 사람과 부자, 학벌이 없는 사람과 있는 사람, 경상도, 충청도, 강원도, 전라도 모두가 정치적 진보와 보수의 차별 없이 모일 때, 그 교회가 보편적 교회라는 것입니다.

3. 성도의 교제

이번 사도신경 문장의 앞부분은 거룩한 공회, 즉 교회에 대한 것을 다뤘습니다. 이어서 다루는 내용은, '성도가 서로 교통하는 것' 입니다. 새로운 번역에서는 이것을 '성도의 교제'라고 했습니다.

우리는 교회에서 예배도 드리고, 봉사도 하고, 양육도 하고, 목장도 하고, 전도 선교도 합니다. 그런데 그중에서도 성도의 교제를 강조하는 이유를 잘 봐야 합니다.

신약의 교회는 오순절 성령 강림 후 시작됩니다.

> 그들이 사도의 가르침을 받아 서로 교제하고 떡을 떼며 오로지 기도하기를 힘쓰니라 (행 2:42).

교회는 태동부터 성도들의 교제가 매우 중요했습니다. 교회는 교제 공동체였습니다. 그래서 예수원의 대천덕 신부님은 교회(敎會)의 한자 표기가 오역이라고 주장합니다. 6세기경 중국 선교사들의 제국주의적 사고방식과 유학자들의 우월의식으로 교회를 번역할 때 '가르칠 교'(敎)를 사용했지만, 신약 교회의 뜻과 맞으려면 '사귈 교'(交)를 써야 된다는 것입니다. 그만큼 교회는 교제 공동체로 만들어졌다는 뜻입니다.

교회에서 왜 교제가 중요할까요? 교회란 예수 그리스도를 주로 고백함으로 그리스도의 제자, 즉 성도가 된 사람들이 모여 서로 교제하는 공동체이기 때문입니다. 성도의 교제는 해도 되고 안 해도 되는 선택사항이 아닙니다. "나는 혼자 예수 믿을 거야. 그러니 교제는 필요 없어"라고 말한다면, 성경을 잘 모르는 것입니다. 교회는 교제가 반드시 필요합니다. 에베소서는 성경 어디보다 교회를 정확히 설명하고 있습니다.

너희는 사도들과 선지자들의 터 위에 세우심을 입은 자라 그리스도 예수께서 친히 모퉁잇돌이 되셨느니라(엡 2:20).

교회에는 예수님이 가장 중요하기 때문에, 건물로 비유하면 모퉁잇돌이 되십니다. 예수님이 교회를 세우신 것이죠. 이어지는 구절을 보겠습니다.

그의 안에서 건물마다 서로 연결하여 주 안에서 성전이 되어 가고 너희도 성령 안에서 하나님이 거하실 처소가 되기 위하여 그리스도 예수 안에서 함께 지어져 가느니라(엡 2:21-22).

에베소서에서는 교회를 건물로 묘사하고 있는데 교회가 교회 되기 위해서 중요한 것은 '함께 지어져 가는 것'이라고 말합니다. 이것이 바로 성도의 교제입니다. 그래서 건강한 교회, 좋은 교회, 부흥하는 교회들은 교제가 활발합니다. 당연한 논리죠. 예수님이 만드신 교회는 성도들의 교제를 목적으로 세워졌기 때문입니다.

그러나 교제가 쉽지는 않습니다. 목회데이터연구소에서 펴낸

『한국 교회 진단 리포트』에 보면, 교인들의 친교의 장애물 1등이 '개인의 성격 및 라이프 스타일 차이'라고 합니다. 교회에서 같은 곳을 섬기고, 소그룹도 같이 하는데, 이상하게 어떤 사람과는 잘 맞지 않을 때가 있습니다. 그럴 때 우리는 이렇게 말하죠. '그 사람이 나쁜 것이 아니라, 그냥 다를 뿐입니다'라고요. 살아온 배경이 다르고, 가치관이 다른 사람과는 교제하기가 어렵습니다. 그래서 아예 교제를 기피하는 경우도 있고, 결국에는 내가 좋아하는 사람, 비슷한 사람하고만 교제하려고 합니다. 이것을 '끼리끼리'라고 하죠. 그러나 끼리끼리는 교회의 보편성을 훼손하는 일입니다.

'위빙염'이라는 말을 아십니까? '위로를 빙자한 염장 지르기'입니다. 채경락 목사님의 『삶에서 은혜 받는 사도신경』에 이런 글이 있었습니다. 채 목사님은 경상도 시골에서 수재 소리를 들으면서 공부를 매우 잘했던 분입니다. 그런데 대입 시험을 망쳤습니다. 그것도 평소에 가장 잘했던 수학을 망쳤습니다. 동네에서 공부를 제일 잘하던 학생이 시험을 망쳤으니, 소문이 다 퍼졌습니다. 그러자 평소에 채 목사님 집에 오시지 않던 분이 갑자기 찾아와서는, "그 집 아들 시험 잘 치고 왔는가? 이번 수학이 좀 어려웠다며? 괜찮아, 내년에 잘 보면 되지. 힘내"라고 말했답니다. 그때 채 목사님 어머니 속이 완전히 뒤집어졌습니다. 이게 바로 위로를 빙자한 염장 지르기라는 것입니다. 교회 안에서 이런 위빙염이 자주 나타납니다. 왜요? 교회는 죄인들의 모임이니까요.

또한 소그룹에서 은근히 자기 자랑을 늘어놓기도 합니다. 교회니까 대놓고 하지는 않지만, 내가 가진 물질부터 내 자식, 손주를 자랑합니다. 그래서 교회에 다녀오면 이상하게 기분이 안 좋은 겁니다. 비교의식 때문에요. 교회에서 비교의식을 느껴야만 한다면 불편할 것입니다. 교제도 어려워지게 되겠죠.

앞에서도 등장했던 아나니아와 삽비라 부부가 망한 이유 역시 비교의식 때문이었습니다. 중직자인 바나바가 본인 밭을 팔아 헌금한 것으로 교인들에게 칭송을 받자, 배가 아파진 부부는 자기들도 칭찬을 듣기 위해 밭을 팔았습니다. 그런데 그 돈을 다 드리기가 아까워진 것입니다. 그래서 일부만 드리고는 다 드렸다고 거짓말을 했다가 죽임을 당합니다. 왜 이런 비극이 발생한 것인가요? 비교의식 때문입니다. 그렇다면 성도의 교제는 어떤 방향으로 가야 할까요?

4. 성도의 교제의 방향성

우리 교회는 목장교회를 지향하고 있습니다. 대부분의 성도님들이 목장에서 함께 신앙생활을 하는데, 교제의 풍성함을 위해서 목장은 너무나 중요합니다. 소그룹 안에서의 교제는 다음과 같은 방향성을 가져야 합니다.

① 성도의 필요에 관심을 가져라

교인들의 기도 제목을 보면 그들의 필요를 알 수 있습니다. 어떤 가정은 건강이 큰 문제이고, 어떤 가정은 자녀 양육이 중요하고, 어떤 가정은 직장과 물질의 문제가 중요합니다. 여기에 대해서 우리는 깊은 관심을 갖고 함께 기도해야 하는데, 기도로 끝날 것이 아니라 실제적인 도움을 줄 수 있어야 합니다.

물론 때로는 우려의 목소리도 생깁니다. 예를 들면 어떤 분이 형편이 어려워서 다른 이에게 돈을 빌려달라고 합니다. 빌려줬는데 만약 그분이 갚지 않으면 상대방은 바로 시험에 빠집니다. 교회 안의 금전 문제는 늘 결말이 시험입니다.

이렇게 정리하면 좋겠습니다. 누군가가 돈이 필요하다고 하면 빌려주세요. 그러나 상대방이 안 갚아도 될 금액만 빌려주세요. 안 받아도 된다고 생각하는 만큼만 빌려주세요. 금전 문제가 우리의 교제를 해칠 때가 너무나도 많습니다. 그럼에도 불구하고 우리는 성도를 도와야 하므로 지혜를 모색해야 합니다.

저는 성도의 필요와 관련해서, 로마서 12장 말씀이 정답을 주고 있다고 봅니다.

성도들의 쓸 것을 공급하며 손 대접하기를 힘쓰라(롬 12:13).

우리의 교제는 반드시 성도들의 필요한 것을 공급해 줄 수 있어야 하고, 늘 섬기고 대접하는 문화여야 합니다. 좋은 교제 공동체를 보면 '어떻게 하면 상대방을 도울 수 있을까?' 오직 이 마음뿐입니다. 예를 들어 청년들이 선교를 떠날 때, 후원자 명단을 보니 생각보다 청년들이 여럿 있었습니다. 그런데 청년들이 후원하기에는 꽤 큰 액수들이 있었습니다. 청년부에서 나눔을 통해 선교에 가는 지체 중에 돈이 없는 지체, 어려움이 있는 지체의 소식을 듣고 도운 것입니다. 종종 선교팀에 그런 모습이 나타나고 있습니다. 이게 성도의 교제입니다.

그리고 자주 만나 대접하면서 식사 교제를 하는 것은 매우 중요합니다. 성도의 교제에는 음식이 빠질 수가 없습니다. 식구들끼리 잘 먹어야 합니다. 그래서 저는 올해 목표를 주일 저녁에 온 교인들을 사택에 한 번씩 모두 초대하는 것으로 잡았습니다. 목장별로요. 저에게도 1년 동안 대화 한 번 못해 본 교인이 있습니다. 어떻게 살아가는지 모르는 교인들이 있습니다. 그래서는 안 되지 않겠습니까. 솔직히 목사는 주일 저녁에 매우 피곤합니다. 그러나 더 중요한 것이 성도의 교제입니다. 교회의 교회다움을 말할 때, 첫 번째가 성도의 교제인 것입니다. 이런 교제를 만드는 것이 바로 교회의 참된 모습입니다.

즐거워하는 자들과 함께 즐거워하고 우는 자들과 함께 울라(롬 12:15).

② 하나님과 더욱더 친밀해져라

성경에 확실하게 성도의 교제의 목적이 나와 있습니다.

우리의 사귐은 아버지와 그의 아들 예수 그리스도와 더불어 누림이라(요일 1:3).

독일의 디트리히 본회퍼(Dietrich Bonhoeffer) 목사님은 자기 안에 있는 하나님의 말씀이 생생하게 살아난다면, 불확실성 속에 있는 다른 성도들의 마음속에서도 하나님의 말씀이 살아나게 해야 한다고 말했습니다. 바른 성도의 교제를 말해 주는 것입니다.

내가 하나님 말씀 가운데 살아있으면, 교제와 목장을 통해 다른 성도도 말씀으로 살리게 됩니다. 영적으로 약했던 교인이 교제를 통해서 영적으로 강해지는 것입니다. 결국 우리의 친교의 목적, 교제의 목적은 반드시 하나님과의 친밀감 회복입니다.

'그 모임에 갔더니 재밌더라, 좋더라, 평안하더라', 이것은 목장의 초창기 때 모습입니다. 계속 이 상태라면 그 목장은 오래가기 힘듭니다. 모임에 가면 갈수록 하나님과의 친밀감이 더 깊어져야 합니다. 주일 예배 때 받았던 은혜가 증폭되는 곳이 소그룹 공동체여야 합니다. 모임 시간에, 한 주간 동안 내가 만났던 하나님에 대한 간증이 시작됩니다. 서로 하나님의 역사를 나눌 때, 그 모임이 부흥회가 되는 것입니다. 중보기도할 때, 눈물바다를 이루는 것입니다. 그래서 모임을 통해 내 영이 살아나는 것이죠. 우리 교회는 이러한 소그룹을 지향합니다. 그래서 제대로 목장 모임을 하려면 두 시간으로도 부족합니다. 왜요? 하나님과의 친밀감 때문에요. 우리가 지향해야 할 공동체와 성도의 교제는 하나님과 친밀한 모임입니다.

그리스도인이라면 반드시 교회에 소속되어야 하며, 반드시 성도의 교제가 필요합니다. 지금까지 하지 않았다면 진실한 성도의 교제로 들어오십시오. 그래서 주님이 원하시는 교회의 모습을 함께 이루어나가길 축복합니다.

제10장

죄 용서를
믿습니다

(롬 8:1-2, 엡 4:31-32)

그러므로 이제 그리스도 예수 안에 있는 자에게는 결코 정죄함이 없나니
이는 그리스도 예수 안에 있는 생명의 성령의 법이 죄와 사망의 법에서
너를 해방하였음이라(롬 8:1-2).
너희는 모든 악독과 노함과 분냄과 떠드는 것과 비방하는 것을
모든 악의와 함께 버리고 서로 친절하게 하며 불쌍히 여기며
서로 용서하기를 하나님이 그리스도 안에서
너희를 용서하심과 같이 하라(엡 4:31-32).

어느 착한 며느리가 있었습니다. 며느리의 평생 소원은 시어머니를 전도하는 것이었습니다. 그래서 오랜 시간 동안 기도하면서 애를 썼습니다. 그러다가 시어머니가 일흔이 넘어서 드디어 교회에 나오시게 됐습니다.

신앙생활을 시작하고 때가 되어 세례를 받게 됐습니다. 세례를 받아야 정식 교인이 되는데, 세례를 그냥 주지 않잖아요? 교육도 받아야 하고, 끝나고 문답도 해야 합니다. 시어머니는 세례를 받기 위한 교육까지 다 받은 후, 문답만 남긴 상태였습니다. 그런데 장로님들 앞에서 문답을 받는 게 시어머니에게는 큰 부담이었습니다. 문답을 앞두고 불안해진 시어머니가 며느리에게 세례고 뭐고 안 받겠다고 하자, 며느리는 이렇게 말했습니다.

"어머니 걱정하지 마세요! 분명히 장로님이 '할머니, 예수님이 누구의 죄 때문에 돌아가셨습니까?'라고 물으실 거예요. 그때 이렇게 답변하세요. '내 죄 때문입니다.' 장로님이 다시 '누구 죄라고요?'라고 물어도 '내 죄 때문입니다.' 이렇게만 말씀하시면 돼요"

시어머니가 진짜 그렇게만 하면 되냐고 묻자, 며느리는 걱정하지 말라고 했습니다. 드디어 문답일이 찾아왔습니다. 역시나 며느리 예상대로 장로님이 시어머님께 이렇게 질문했습다.

"할머니, 예수님이 누구 죄 때문에 죽으셨어요?"

그러자 시어머니 입가에 미소가 번졌습니다. '예상 문제 그대로 나왔구나!' 그리고 대답했습니다.

"네, 저 그거 알아요. 바로 우리 며느리 죄 때문이죠!"

시어머니가 왜 이렇게 말했을까요? 며느리가 '내' 죄 때문이라고 하니까, 며느리 죄 때문이라고 생각을 한 것입니다.

이 이야기는 지어낸 것이지만 내용은 결코 가볍지 않습니다. 죄는 우리 기독교 신앙에서 너무나도 중요한 부분입니다. 그러나 교회를 다니면서도 이야기의 할머니처럼 죄에 대해서 잘 모를 수 있습니다. 하지만 이는 '모를 수도 있지' 하면서 넘어갈 수 있는 내용이 아닙니다. 반드시 제대로 알아야만 합니다. 죄에 대해서 바로 알아야만 우리의 믿음이 온전해집니다.

1. 성경이 말하는 죄

성경은 죄에 대해서 분명하게 말합니다. 우리 모두가 태어나는 순간부터 죄인인데 이것을 가리켜서 원죄라고 합니다.

① **원죄**(原罪)

내가 죄악 중에 출생하였음이여 모친이 죄 중에 나를 잉태하였나이다(시 51:5).

최초의 인간인 아담이 하나님 앞에서 죄를 지음으로, 인간을 대표해서 하나님과 맺은 언약을 어겼습니다. 이로 인해 온 인류는 태어나는 순간 모두가 다 죄인입니다.

모든 사람이 죄를 범하였으매(롬 3:23).

동양철학에서 맹자는 성선설을 주장하면서 인간은 태어날 때는 선하다고 했으나 그렇지 않습니다.

한 인터넷 사이트에서 3만 3천 명에게 '사람이 태어날 때 악하냐, 선하냐'를 질문했더니 '원래 선하다'가 10%, '원래 악하다'가 39%, '중립으로 태어났는데 환경에 의해서 결정된다'가 50%였습니다. 그러나 이것은 사람들의 일반적인 생각일 뿐입니다. 우리는 태어날 때부터 원죄가 있어서 모두 죄인입니다. 그리고 원죄의 영향으로, 우리는 그 이후 계속 죄를 짓습니다.

② **자범죄(自犯罪)**

우리의 일생은 죄이고, 스스로 죄를 짓고 살아가고 있습니다. 우리 모두가 죄인인 것은 분명한 사실입니다. 왜 죄가 문제냐면, 죄의 결과가 너무나도 참혹하기 때문입니다.

2. 죄의 결과

죄로 인해 우리는 본능적으로 다음 네 가지와 같이 되었습니다.

① 하나님과 멀어지게 되었다.

오직 너희 죄악이 너희와 너희 하나님 사이를 갈라 놓았고 너희 죄가 그의 얼굴을 가리어서 너희에게서 듣지 않으시게 함이니라 (사 59:2).

인간은 그냥 두면 하나님에게서 멀어지게 되어 있습니다.

② 어렸을 때부터 악하다.

사람의 마음이 계획하는 바가 어려서부터 악함이라 (창 8:21).

아이들을 키워 보시면 알겠지만, 나쁜 것은 쉽게 잘도 배웁니다. 모두 죄의 결과입니다.

③ 우리의 마음과 생각이 딱딱해진다.

그들의 총명이 어두워지고 그들 가운데 있는 무지함과 그들의 마음이 굳어짐으로 말미암아 하나님의 생명에서 떠나 있도다(엡 4:18).

죄로 인해서 우리의 마음과 생각이 굳어집니다.

④ 세상이 너무나도 악해져 버렸다.

사람들이 자기를 사랑하며 돈을 사랑하며 자랑하며 교만하며 비방하며 부모를 거역하며 감사하지 아니하며 거룩하지 아니하며 (딤후 3:2).

어느 가정에서 눈에 넣어도 아프지 않을 귀한 딸을 처참히 죽이는 사건이 있었습니다. 어떤 아파트에서는 외벽 페인트 작업이 너무 시끄럽다며 페인트 작업자의 줄을 끊어서 젊은 가장을 죽게 만들었습니다. 갓난아이가 운다고 아파트 밖으로 집어 던져 죽이는 사건도 있었습니다. 동네 고양이가 무려 200마리나 죽어서 조사해 보았더니, 고양이를 싫어하는 사람이 독극물을 설치해 200마리를 죽인 것으로 밝혀진 일도 있었습니다.

왜 이런 참혹한 일들이 발생합니까? 죄인들이어서 그렇습니다. 현재 우리나라에서 매년 발생하는 범죄 건수가 백만 건이 넘고, 매년 쇠고랑을 차는 범죄자가 백만 명이 넘습니다. 지금도 러시아와 우크라이나에서는 전쟁으로 수많은 젊은이가 매일 죽어가고 있습니다. 이 모든 것은 다 죄 때문입니다. 세상에 평화가 없는 것은 죄 때문입니다. 정도의 차이만 있을 뿐이지, 우리도 모두 죄를 짓고 있습니다. 심각한 것은 죄의 결과입니다.

⑤ 죄의 결과는 사망, 죽음이다.

죄의 삯은 사망이요 하나님의 은사는 그리스도 예수 우리 주 안에 있는 영생이니라(롬 6:23).

죄의 결과로 우리에게 죽음이라는 것이 찾아왔습니다. 영적으로 보면 죄로 인해 우리의 운명은 사망이었고, 지옥 불이었습니다. 이처럼 죄의 결과는 참혹합니다. 따라서 우리 인생에서 가장 중요한 것이 죄의 문제를 해결하는 일입니다. 내 안에 있는 죄의 문제만 해결된다면, 이것으로 여러분은 이미 성공한 인생입니다.

이렇게 구체적으로 죄에 대해서 설명해도 죄에 대해 심각성을 느끼지 못하는 분들이 충분히 있을 것입니다. 이번 사도신경의 열 번째 내용은 '**죄를 사하여 주시는 것을 믿습니다**'입니다. 이제부터 죄 사함과 죄 용서에 대한 내용을 본격적으로 살펴보겠습니다. 죄 용서, 죄 사함은 우리의 믿음에서 정말 중요합니다.

3. 믿음의 시작은 죄를 고백하는 것이다

정신병동에 있는 의사들에게 가장 힘든 점은 환자들이 다들 자신을 정상이라고 주장하는 것입니다. 그러면 치유가 일어날 수 없습니다. 자신의 병을 인정하는 것이 치료의 시작이기 때문입니다. 교회에 다니고 믿음이 생겼다고 이야기할 때, 그 시작점이 바로 나의 죄인 됨을 인정하는 것입니다. 이것이 인정되지 않으면, 우리에게 믿음이 생길 수 없습니다.

갈릴리 호숫가에서 열심히 물고기를 잡고 있던 베드로에게 주님이 불현듯 찾아오셨습니다. 날밤을 새서 물질을 했지만, 물고기를 한 마리도 잡지 못했습니다. 이때 주님이 한 곳을 지목하시면서 저기 깊은 곳에 가서 그물을 내리라고 하십니다. 한 마리도 안 잡히던 물고기가 거기에 몰려있었습니다. 그물이 찢어질 정도로 많은 물고기가 잡힙니다. 그 순간 베드로는 예수님을 알아봅니다.

그는 이렇게 고백했습니다.

주여 나를 떠나소서 나는 죄인이로소이다 (눅 5:8).

베드로가 예수님을 만난 과정을 보면, 자신의 죄인 됨을 깨닫는 장면이 나옵니다. 우리의 믿음은 나 자신이 도무지 가망이 없는 죄인이라는 것을 깨닫는 데서부터 시작합니다. 바울도 마찬가지입니다. 자신을 죄인의 괴수라고까지 했습니다. 그런 인생에 예수님이 찾아오시니 희망이 생기는 것입니다.

실제로 예수님을 안 믿다가 믿은 사람들의 간증들을 들어보면, 이런 경우가 많습니다. 꿈이나 환상 속에서, 주님이 나의 과거의 모습을 다 보여주시는 것입니다. 그걸 보며, 특히 나의 죄악 된 모습을 깨달으며 스스로 '나는 가망이 없는 인생이구나, 처참한 인생이구나'를 느낍니다. 그러고는 결국 주님에게 도움을 요청하게 되었다는 간증입니다. 만약 여러분들 가운데 죄인 됨의 고백이 없다면, 결코 믿음으로 갈 수 없습니다.

4. 믿음의 핵심은 우리의 죄 사함에 있다.

셰익스피어(Shakespeares)의 4대 비극 중 하나인 『맥베스』에 보면,

맥베스 부부가 던컨왕을 살해합니다. 이후에 맥베스 부인은 물만 있으면 계속해서 손을 씻습니다. 살인 장면을 본 사람은 없습니다. 감쪽같은 비밀입니다. 그런데도 부인은 계속해서 손을 씻습니다. 본인의 양심에 찔렸기 때문입니다. 하지만 죄라는 것은 우리가 아무리 노력해도 씻기지 않습니다.

우리의 수많은 죄를 씻을 수 있는 방법은 하나밖에 없습니다. 예수 그리스도의 피입니다. 예수님은 이렇게 말씀하셨습니다.

이것은 죄 사함을 얻게 하려고 많은 사람을 위하여 흘리는 바 나의 피 곧 언약의 피니라(마 26:28).

2천 년 전에, 예수님이 십자가에서 피 흘려 죽으셨습니다. 그 순간 우리의 과거의 죄, 현재의 죄, 미래의 모든 죄가 다 사해졌습니다. 어떠한 죄라도 예수님의 피로써 다 씻어집니다.

너희의 죄가 주홍 같을지라도 눈과 같이 희어질 것이요 진홍 같이 붉을지라도 양털같이 희게 되리라(사 1:18).

성경은 끊임없이 예수 그리스도의 속죄의 피를 강조합니다. 너무 중요한 우리 믿음의 핵심이니까요.

그의 피로 말미암아 속량 곧 죄 사함을 받았느니라(엡 1:7).
율법을 따라 거의 모든 물건이 피로써 정결하게 되나니 피 흘림이 없은즉 사함이 없느니라(히 9:22).
그 아들 예수의 피가 우리를 모든 죄에서 깨끗하게 하실 것이요 (요일 1:7).

믿음의 핵심은 죄 사함입니다. 따라서 예수님의 십자가의 피와 우리가 아무런 상관이 없다면, 우리의 믿음은 헛것이 됩니다. 예수님의 십자가의 피가 있기에 우리가 용서함을 받았고, 이 자리에 있는 것입니다.

그런데 우리 가운데 여전히 고민들이 있습니다. 분명 예수님의 십자가로 죄 용서함을 받았는데 우리는 또 죄를 짓습니다. 인간은 매일 죄를 짓습니다. 더 심각한 것은 지었던 죄를 반복적으로 짓는다는 것입니다. 이게 우리의 실존이자 우리 존재의 모습입니다.

그래서 죄 용서에 대한 고백이 지속적으로 필요합니다. 구원파 같은 이단을 보면 예수님의 십자가의 보혈로 우리의 모든 죄가 다 용서되었기에 더 이상 회개가 필요하지 않다고 합니다. 이것은 성경을 몰라도 너무 모르는 이야기입니다. 죄 용서의 고백은 우리 삶에 매일 필요합니다. 그래서 주일 예배 시간에 참회의 기도를 하는 것입니다.

5. 믿음의 성장은 죄 용서의 고백으로 만들어진다.

마태복음 5장 3절을 보면, "심령이 가난한 자는 복이 있나니 천국이 그들의 것임이요"라고 나와 있습니다. 여기서 심령이 가난하다는 것은 마음의 파산 신고, 영적으로 완전히 파산한 자의 모습을 말합니다. 그러한 마음으로 하나님께 나아오면, 그 사람에게 천국을 주시겠다는 축복의 말씀입니다. 마음이 무너진 채로 하나님께 나오면 된다는 것입니다.

누가복음 18장을 보면 당시 사람들이 손가락질하던 세리와, 반대로 사람들이 존경하던 종교인 바리새인이 기도하러 올라갑니다. 둘 중에 하나님이 받으신 기도는 세리의 기도였습니다. 세리는 자신의 죄가 너무 크다는 것을 인정하며 하늘을 쳐다보지도 못하고 가슴만 치면서 "하나님이여, 나를 불쌍히 여기소서. 내가 죄인입니다"(눅 18:13)라고 고백했기 때문입니다. 나의 죄인 됨을 고백할 줄 알 때, 우리의 믿음이 성숙한 믿음으로 변화되어 갑니다.

다윗을 보면 자기 부하를 죽였고, 그의 부인을 빼앗았습니다. 당시 왕으로서 얼마든지 할 수 있었던 행동입니다. 그러나 선지자를 통해서 자기의 죄를 깨닫게 될 때, 그는 바로 회개하고 하나님께 죄 용서를 빌었습니다.

하나님은 우리가 완벽하지 않다는 것을 다 알고 계십니다. 우리가 교회에서는 경건한 척하지만 세상에 나가면 그렇게 살지 못한다는 것을 다 알고 계십니다. 하지만 거기에 대해 질책하지 않으십니다. 하나님은 우리를 비난하시는 분이 아니기 때문입니다. 하나님이 원하시는 것은 우리의 죄악 된 그 마음을 가지고 그저 하나님께 나아오는 것입니다.

> 주께서는 제사를 기뻐하지 아니하시나니 그렇지 아니하면 내가 드렸을 것이라 주는 번제를 기뻐하지 아니하시나이다 하나님께서 구하시는 제사는 상한 심령이라 하나님이여 상하고 통회하는 마음을 주께서 멸시하지 아니하시리이다(시 51:16-17).

하나님이 찾으시는 사람, 그 예배자는 마음이 상해 있는 사람입니다. 온전한 사람, 건강한 사람이 아닙니다. 상한 사람입니다. 지난 한 주간 너무나도 속상하고 힘들어서 마음이 다 무너져 있는 상태로 하나님께 온 사람입니다. 특히 나의 부족함, 연약함, 죄를 인정하면서 하나님을 찾는 사람, 그 사람을 기다리고 계시다는 것입니다. 마치 탕자가 돌아올 때 아버지가 그 탕자를 안으면서 맞이한 것과 동일합니다. 하나님은 자신의 연약함, 부족함, 죄인 됨을 인정하는 사람을 가장 좋아하십니다.

따라서 교회와 예배의 자리는 그런 사람들의 모임의 자리여야 합니다. 무엇인가 멋지고 훌륭한 모습을 하나님께 보여드리는 자리가 아닌, 추한 죄인 된 내 모습을 보여드리는 자리여야만 합니다. 교회는 죄인들, 문제투성이의 사람들의 모임인 것입니다. 매일 죄 용서를 구하는 고백을 할 때, 하나님이 다 받아 주십니다. 그리고 우리를 회복시켜 주십니다. 믿음의 성장은 반드시 이 고백을 통해서 이뤄지게 됩니다.

웨슬리(Wesley) 형제가 중심이 되어 이끌었던 영국 옥스퍼드대학의 유명한 기도 모임이 있습니다. 이 '홀리 클럽' 멤버들은 매주 모일 때마다 자신의 죄를 나눴습니다. 이처럼 강력한 공동체는 자신의 죄를 오픈할 수 있고 그것을 위해서 기도할 수 있어야 합니다.

그런 의미에서 주일마다 모이는 교회 소그룹 공동체에도 레벨이 있다고 생각합니다. 과연 여러분의 목장은 어떠한 레벨입니까?

레벨 1. 모이면 좋다. 보통 일상의 이야기를 많이 한다.
레벨 2. 신앙 이야기를 많이 하는 편이다.
레벨 3. 지난주 설교 말씀에 대한 실천의 이야기가 대화의 주요 주제다.
레벨 4. 내가 지은 죄를 고백하고 나누고 있다.

성숙한 믿음의 사람은 반드시 죄의 고백을 하게 됩니다. 성숙한 공동체는 고백을 통해서 만들어지게 됩니다. 우리 교회 공동체가 죄를 고백하고 나눌 수 있는 수준이 되어야 합니다.

6. 믿음의 능력은 용서의 실천에서 나타난다.

여러분, 우리 모두는 모든 죄에 대해서 용서함의 은혜를 체험한 사람입니다. 원래 우리는 도무지 용서함을 받을 수 없는 상태였습니다. 왜냐하면 죄가 너무나도 많았기 때문입니다. 그런데 예수님의 십자가의 보혈로 다 씻김을 받았습니다. 이것을 가리켜서 하나님의 놀라운 은혜라고 합니다.

이제 모든 죄에 용서함을 받은 사람이 해야 할 일은 바로 이 용서의 실천입니다. 이것은 우리에게 선택이 아닌 필수입니다. 엄청난 사랑을 받았으니 이제 갚아야겠죠. 받은 은혜와 사랑이 있다면 실천하는 것이 마땅합니다.

기독교 방송 프로그램 〈새롭게 하소서〉에서 박경임 선교사님의 간증을 듣게 되었습니다. 어렸을 때 엄마가 자살로 생을 마감했다고 합니다. 선교사님은 새어머니에게서 모진 학대를 당했는데 학교도 안 보내줬습니다. 그러다 새어머니가 집을 나갔습니다. 그제서야 늦게 중학교에 들어가서 담임선생님을 만났는데, 너무나 좋은 선생님이셨습니다. 이 선생님이 선교사님에게 엄마와 같은 역할을 한 것입니다. 중학교를 졸업하고 이제 고등학교에 진학해야 하는데, 돈이 없어서 진학이 불가능했습니다. 그때 선생님이 자신의 결혼 자금으로 모아놓은 적금 통장을 선교사님께 주셨습니다.

"경임아, 이것으로 공부해라!"

"선생님, 저 이 돈 못 받아요. 그리고 저 갚지도 못해요."

그러자 선생님 말씀이, "나한테 갚지 말고, 이 사회에서 갚으면 돼"라고 하셨답니다. 정말 대단하신 분이죠? 우리가 받은 사랑이 있으면, 반드시 그 사랑을 누군가에게 실천해야 합니다. 그것이 인지상정이죠.

우리가 하나님께 받은 사랑 중에서 가장 큰 것이 무엇인 줄 아십니까? 용서입니다. 도무지 용서받을 수 없는 우리가 용서를 받았기 때문에, 우리는 마땅히 용서를 실천해야 합니다.

서로 친절하게 하며 불쌍히 여기며 서로 용서하기를 하나님이 그리스도 안에서 너희를 용서하심과 같이 하라 (엡 4:32).

성경에서는 "너희 용서 받았으니까 좋지? 그냥 행복하게 살아!"라고 말한 적이 한 번도 없습니다. 계속해서 용서의 실천을 말합니다. 조금씩 믿음이 성장한 베드로가 예수님께 물었습니다.

"몇 번 정도 용서하면 될까요? 일곱 번 정도면 완벽하지 않습니까?"

그때 예수님은 "일흔 번씩 일곱 번 용서해라"라고 말씀하셨습니다. 7은 완전수입니다. 70에 7을 곱해 490번 용서하라고 하셨는데, 이것은 무한대를 의미합니다. 그 정도로 용서를 해야 한다는 것입니다. 그러면서 이렇게 말씀하십니다.

너희가 각각 마음으로부터 형제를 용서하지 아니하면 나의 하늘 아버지께서도 너희에게 이와 같이 하시리라(마 18:35).

또 주님은 이 내용을 주기도문에까지 넣어서 기도할 때마다 죄 용서를 실천하라고 하십니다.

우리가 우리에게 죄 지은 자를 사하여 준 것 같이 우리 죄를 사하여 주옵시고(마 6:12).

성경 곳곳에 용서를 실천하는 것에 대한 말씀이 너무나 많습니다. 왜 이렇게까지 우리에게 용서를 실천하면서 살라고 할까요? 우리의 신앙, 우리의 믿음의 힘은 결국 주님의 가르침의 실천에서 옵니다. 용서를 실천할 때, 믿음의 능력이 생겨납니다.

오늘날은 기독교가 힘을 상실했습니다. 과거에 비하면 확실히 능력이 없는 것 같습니다. 그렇다고 해서 기독교가 완전히 망한 것은 아닙니다. 교회들을 보면 예배는 많이 드립니다. 기도도 많이들 합니다. 설교 잘하는 목사님들은 또 얼마나 많습니까? 그런데 왜 지금의 기독교가 이렇게 힘을 잃었을까요?

나름 신앙생활을 한다고 하지만 신앙의 행위는 개인의 만족에서 끝나는 경우가 너무나도 많아서 그렇습니다. 우리는 그냥 내가 찬양하는 것이 좋고, 내가 예배하는 것이 좋고, 내가 기도하는 것이 좋으면 믿음 생활 잘하고 있다고 생각합니다. 여기에서 조금 더 나아가서, 교회 봉사까지 열심히 하면 정말 잘하고 있다고 여깁니다. 그래서 모든 것이 개인의 만족입니다. 소그룹도 마찬가지입니다. 우리끼리 재미있고 만족하면 그만입니다. 나는 용서 받아서 너무 좋습니다. 그러고는 아무런 실천이 없습니다.

지금 우리나라 기독교가 힘이 없는 가장 중요한 이유는 실천이 없기 때문입니다. 주님의 명령과 가르침에 대한 적극적인 실천이 없습니다. 실천의 대표적인 것이 무엇입니까? 용서입니다. 주님은 십자가에서 죽는 그 순간까지, 자기를 죽인 이들을 용서하며 죽으셨습니다. 스데반은 자기에게 억울한 누명을 씌우고 돌로 치는 사람들을 용서하면서 피 흘려 죽었습니다. 우리 믿음의 능력, 한국 교회의 능력은 용서의 실천에서 나온다고 확신합니다.

용서가 얼마나 하기 싫은 것인지 압니다. 교회를 오랫동안 다니면서도 교회 안에 대화하기 싫은 사람이 있잖아요? 왜요? 나에게 상처를 줬으니까요. 식구들 중에서도 연락이 단절된 사람들이 있지 않나요? 왜인가요? 정말 꼴 보기 싫은 모습만 보여줬거든요. 특별히 나에게 물질적 손해를 끼친 사람, 나에게 사기를 친 사람을 용서할 수 있습니까? 용서하는 것은 정말 어려운 일입니다.

고등학교 때, 우리 반에 정말 이상한 애들이 있었습니다. 요즘으로 말하면 일진이었던 것 같아요. 저는 순진해서 그들이 일진인지도 몰랐습니다. 그 녀석들이 제 바로 뒷자리에 앉았는데 저를 엄청 괴롭히는 겁니다. 요즘 같으면 학폭 같은 것으로 신고했을 텐데, 옛날에 그런 게 어디 있나요. 그 애들 때문에 학교가 가기 싫을 정도로 힘들었습니다.

그런데 주일에 전도사님이 원수를 사랑하고 원수를 위해서 기도하라고 용서에 관한 설교를 하셨습니다. 생각해 봤습니다. '내 원수는 어디에 있지?' 그랬더니 학교 교실에 있더라고요. 그런데 죽어도 걔네들을 위해서는 기도하기 싫었습니다. 그놈들이 망해야 분이 풀리지, 잘돼서는 안 되거든요. 그런데 자꾸 설교 말씀이 생각나는 것입니다. 그래서 억지로 기도하기 시작했습니다.

'하나님, 용서해 주세요. 하나님, 사랑하게 해주세요.'

정말 억지로 했습니다. 그런데 기도가 되는 거예요. 그다음부터는 걔네가 불쌍히 보였습니다. 그때 느꼈던 것이 있습니다.

'아, 용서는 내 힘으로 하는 것이 아니구나.'

그냥 하나님 말씀에 순종해서 억지로 용서했더니, 그때 성령님이 역사하신 것입니다.

우리에게 필요한 것이 용서의 실천입니다. 처음에는 억지로 합니다. 그러나 억지로 기도하고, 억지로 연락하고, 억지로 접촉을 시도합니다. 그러나 그때, 성령님이 역사하십니다.

그리고 그 사람이 용서를 받는데 결국은 나에게 엄청난 유익이 찾아옵니다. 내 영혼에 전에 없었던 큰 기쁨이 밀려옵니다. 내 믿음이 견고해지고 강해집니다. 결국, 용서의 실천을 통해서 내가 영적인 유익을 얻게 되는 것입니다.

  여러분, 꼭 용서를 실천하시길 바랍니다. 반드시 그전에 없었던 놀라운 은혜가 임하게 될 것입니다.

제11장

몸의 부활을 믿습니다

(고전 15:42-44)

죽은 자의 부활도 그와 같으니 썩을 것으로 심고
썩지 아니할 것으로 다시 살아나며
욕된 것으로 심고 영광스러운 것으로 다시 살아나며
약한 것으로 심고 강한 것으로 다시 살아나며
육의 몸으로 심고 신령한 몸으로 다시 살아나나니 육의 몸이 있은즉
또 영의 몸도 있느니라 (고전 15:42-44).

『이어령의 마지막 수업』을 읽어보면, 초대 문화부 장관을 역임한 이어령 교수가 그토록 사랑했던 딸 민아 씨를 먼저 보낸 다음에, 이렇게 회상의 글을 남겼습니다.

딸을 먼저 저 세상으로 보내고 나니 가장 아쉬운 게 뭔 줄 아나? '살아 있을 때 그 말을 해줄 걸'이야. 그때 미안하다고 할 걸, 그때 고맙다고 할 걸…. 지금도 보면 눈물이 핑 도는 것은 죽음이나 슬픔이 아니라네. 그때 그 말을 못한 거야. 그 생각을 하면 눈물이 흘러. 그래서 너희들도 아버지한테 '이 말은 꼭 해야지' 싶은 게 있다면 빨리 해라. 지금 해야지 죽고 나서 그 말이 생각나면, 니들 자꾸 울어.[2]

생전에 있을 때 잘해 주지 못한 것, 표현하지 못한 것들이 큰 후회로 밀려온 것입니다. 세상에서 가장 고통스러운 것은 부모로서 자식을 먼저 보내는 일일 것입니다.

소설가 박완서 씨는 1988년에 사고로 하나밖에 없는 아들을 잃었습니다. 슬픔으로 인해 박완서 씨는 매일을 술로 살았고 곡기도 다 끊어버렸습니다. 그때 자기의 감정을 일기로 쓴 것이 『한 말씀만 하소서』입니다. 독실한 가톨릭 신자였기에, "주님, 이 사건에 대해서 한 말씀만 해보세요"라고 한 것이죠. 책에 이런 내용이 있습니다.

원태야, 원태야, 우리 원태야, 내 아들아, 네가 이 세상에 없다니 이게 정말이냐? 하느님도 너무하십니다. 그 아이는 이 세상에 태어난 지 25년 5개월밖에 안 되었습니다. 병 한 번 치른 적이 없고, 청동기처럼 단단한 다리와 매달리고 싶은 든든한 어깨와 짙은 눈썹과 우뚝한 코와 익살부리는 입을 가진 준수한 청년입니다. 개는 앞으로 또 할 일이 많은 젊은 의사였습니다. 그 아들을 데려가시다니요. 하느님 당신도 실수하는군요. 그럼 하느님도 아니죠.[3]

우리 인생에서 가장 슬픈 순간이 바로 죽음을 만날 때일 것입니다. 여러분은 자녀나 부모, 가족이나 지인들의 마지막 장면을 목도한 적이 있습니까? 병원에서 호흡기를 떼고, 심전도 기계가 뚜… 하고 소리 내는 그 순간을 본 적이 있으십니까? 죽음의 순간은 너무나도 슬픕니다. 중요한 것은 어떤 사람도 죽음을 피할 수 없다는 것입니다.

그렇다면 왜 이 죽음이 우리에게 찾아왔을까요? 우리는 앞 장의 사도신경 내용에서 **우리 죄의 결과로 죽음이 찾아왔다**는 사실을 이미 살펴봤습니다. 죽음 앞에서는 어떠한 예외도 없습니다. 아무리 좋은 것을 먹고, 운동을 많이 하고, 건강검진을 잘 받아도, 조금 더 오래 살 뿐이지 죽음을 피할 수는 없습니다. 그렇다면 죽음의 순간에는 어떤 일이 발생할까요?

1. 죽음의 순간: 영혼과 육체의 분리

사람은 영혼과 육체로 구성되어 있고, 둘이 통일체를 이루고 있습니다. 그러나 죽는 그 순간에 영과 육이 분리됩니다. 죽음으로 인해서 분리된 육체는 썩어서 흙으로 돌아가게 되죠.

너는 흙이니 흙으로 돌아갈 것이니라(창 3:19).

모든 육체는 다 썩게 됩니다. 시신을 매장하든, 화장하든, 혹은 안타깝게도 사고로 시신을 찾지 못할지라도, 모든 육체는 다 썩어서 없어지게 됩니다. 성경은 죽음 이후 우리의 육체와 영혼에 대해서 이렇게 말합니다.

흙은 여전히 땅으로 돌아가고 영은 그것을 주신 하나님께로 돌아가기 전에 기억하라(전 12:7).

이렇게 육체는 다 썩어 없어지는데 우리의 영혼은 어떻게 될까요? 방금 본 말씀에서는 하나님께로 간다고 했습니다. 우리 신자들이 죽으면 천사들의 인도함을 따라서 바울이 말한 셋째 하늘로, 또 주님의 표현에 의하면 낙원으로, 이것들을 총칭하면 천국으로 가게 됩니다. 그리고 거기서 영혼은 하나님과 함께합니다. 엄청난 체험이죠. 바울은 이것을 직접 체험했고, 이렇게 이야기합니다.

차라리 세상을 떠나서 그리스도와 함께 있는 것이 훨씬 더 좋은 일이라(빌 1:23).

직접 영혼이 천국에 가본 바울은 그곳이 너무나도 좋아서, 그냥 계속 있고 싶었다고 고백했습니다.

반대로 불신자들의 영혼은 음부, 즉 지옥으로 가서 고통을 받게 됩니다. 성경에서 이 부분을 아주 명확하게 말해 주고 있습니다. 부자와 나사로의 이야기를 보면, 불신자의 죽음 이후에 그 영혼이 어떠한 고통 가운데 있는지를 말해 주고 있습니다.

아버지 아브라함이여 나를 긍휼히 여기사 나사로를 보내어 그

손가락 끝에 물을 찍어 내 혀를 서늘하게 하소서 내가 이 불꽃 가운데서 괴로워하나이다(눅 16:24).

지옥에 간 부자는 자기 형제들이 제발 이곳에 오지 않게끔 해달라고 요청할 정도로 그곳에서 큰 고통을 당합니다.

그렇게 영혼이 천국과 지옥에 각각 있다가, 예수님이 재림하실 때 우리의 모든 육체가 다 부활해서 다시 영혼과 하나가 됩니다. 죽기 전처럼 다시 통일체의 모습을 이룹니다. 이 장에서 우리가 살펴볼 내용은 **'몸이 다시 사는 것'**으로, **'몸의 부활을 믿습니다'**입니다. 그렇다면 우리 육체의 부활의 근거는 어디에 있을까요?

2. 육체의 부활의 근거

그러나 이제 그리스도께서 죽은 자 가운데서 다시 살아나사 잠자는 자들의 첫 열매가 되셨도다(고전 15:20).

몇 년 전부터 저는 목양실에서 귤나무를 키웠습니다. 봄이면 꽃이 피는데, 귤꽃 향기가 정말 좋습니다. 그러고는 그 꽃이 열매가 되죠. 시간이 지나면 열매가 익어 첫 열매를 얻게 됩니다. 이후에는 두 번째 열매, 세 번째 열매 등 계속해서 열매를 맺습니다.

첫 열매를 얻으면, 다음에 어떤 열매가 맺힐지 알게 됩니다. 귤나무에서는 귤이 열리지 천혜향이나 한라봉이 열리지 않는 것처럼 말입니다.

예수님은 부활하셨습니다. 그리고 부활의 첫 열매가 되셨습니다. 고린도전서 15장 20절 말씀은 이제 예수님을 믿는 사람들 역시 예수님처럼 계속 부활할 것이라는 뜻입니다. 이것을 다른 말로 '대표의 원리'라고 합니다.

> 사망이 한 사람으로 말미암았으니 죽은 자의 부활도 한 사람으로 말미암는도다 아담 안에서 모든 사람이 죽은 것 같이 그리스도 안에서 모든 사람이 삶을 얻으리라 (고전 15:21-22).

앞서 인류의 조상이자 인류를 대표하는 아담이 죄를 지어서 온 인류가 죄인이 되었다고 했습니다. 이것을 원죄라고 했죠. 그리고 새로운 인류의 대표로 예수님이 오셨습니다. 인류를 대표하여 부활하셔서 온 인류의 운명을 죽음에서 삶으로 바꿔놓으셨습니다. 그래서 우리는 그분의 구원의 유전자의 영향으로, 예수님을 믿으면 다 부활에 참여해 영원한 생명을 얻습니다.

> 한 사람의 범죄로 말미암아 사망이 그 한 사람을 통하여 왕 노릇하였은즉 더욱 은혜와 의의 선물을 넘치게 받는 자들은 한 분 예

수 그리스도를 통하여 생명 안에서 왕 노릇 하리로다(롬 5:17).

십자가에 죽으시고 3일 만에 부활하신 예수님이 우리 부활의 근거가 되십니다.

예수께서 이르시되 나는 부활이요 생명이니 나를 믿는 자는 죽어도 살겠고(요 11:25).

그리고 주님은 우리도 부활할 것을 말씀하십니다. 중요한 것은 이 육체의 부활이 믿는 자들에게만 해당되는 것이 아니라, 믿지 않는 자들을 포함한 모두에게 해당이 된다는 것입니다.

선한 일을 행하는 자는 생명의 부활로, 악한 일을 행하는 자는 심판의 부활로 나오리라(요 5:29).
그들이 기다리는 바 하나님께 향한 소망을 나도 가졌으니 곧 의인과 악인의 부활이 있으리라 함이니이다(행 24:15).

믿지 않는 자들은 어떠한 모습으로 부활할까요? 아마도 죽을 때 바로 그 처참한 모습이거나, 그다지 좋지 않은 모습, 온전하지 못한 모습일 것입니다. 왜냐하면 죄 사함을 받지 못한 육신이니까요. 불신자들도 모두 부활하게 됩니다. 그리고 심판주 예수님 앞에 심판을 받고, 몸과 영혼이 함께 지옥 불에 떨어지게 됩니다.

누구든지 생명책에 기록되지 못한 자는 불못에 던져지더라(계 20:15).

하지만 믿는 자들의 모습은 달라도 완전히 다릅니다. 우리는 지금의 모습으로 부활하지 않습니다. 가장 영광스러운 모습으로 부활하여, 영과 육이 합쳐져서, 새 하늘과 새 땅에서 영원히 살게 됩니다.

3. 신자의 부활의 때의 모습

부활 때 우리의 모습은 주님의 부활 후 모습과 동일합니다. 살과 뼈가 있는 지금처럼 온전한 육신을 갖게 됩니다. 만질 수 있는 이러한 몸을 가지고 부활하게 됩니다. 그런데 지금의 여러분의 모습과는 다릅니다. 이것이 여러분이 변화될 모습입니다. 고린도전서 15장 말씀에 근거해서, 이승구 교수님은 부활체의 특성을 네 가지로 정리했습니다.

죽은 자의 부활도 그와 같으니 썩을 것으로 심고 썩지 아니할 것으로 다시 살아나며 욕된 것으로 심고 영광스러운 것으로 다시 살아나며 약한 것으로 심고 강한 것으로 다시 살아나며 육의 몸으로 심고 신령한 몸으로 다시 살아나나니 육의 몸이 있은즉 또 영의 몸도 있느니라(고전 15:42-44).

① 썩지 아니할 몸

누구나 죽게 되면, 그 시체는 썩습니다. 매장을 하건 화장을 하건 결국에는 다 없어지게 됩니다.

그 바라는 것은 피조물도 썩어짐의 종 노릇 한 데서 해방되어(롬 8:21).

그러나 부활한 몸은 절대 없어지지 않는 몸이 됩니다. 그래서 부활하면 장례식이 없어지는 것입니다. 이제 장의사, 장례 지도사가 없어지게 됩니다. 우리 영혼이 썩지 않게 될 것이니까요.

② 영광스러운 몸

이 세상에서의 우리의 몸은 욕된 몸입니다. 죄로 물들어져 있는 육신들입니다. 이러한 육신에 하나님이 주신 영광이 임하게 됩니다. 마치 변화산에서의 예수님의 모습, 또 바울이 다메섹 도상에서 만난 예수님의 모습과 같이 영광스럽게 변화되게 됩니다. 주름도 없고, 장애도 없고, 아픔도 없는 몸 상태입니다.

연세가 지긋한 장로님들이나 권사님들 댁에 가면 그분들의 젊은 시절 사진이 있습니다. 들여다보면 장동건 씨나 김희선 씨였던 분들이 많습니다. 그러나 부활 후에는 남자 분들은 장동건 씨 이상의 외모를, 여자 분들은 김희선 씨 이상의 외모를 갖게 됩니다. 몇 살 때의 신체인지는 알 수 없지만 인간이 가질 수 있는 가장 완벽한 신체의 모습, 그것보다 더 완벽한 모습으로 변화됩니다. 그래서 부활 후에는 성형외과가 다 망하게 될 겁니다. 갈 필요가 없으니까요.

③ 강한 몸

우리 육신이 얼마나 약합니까? 사람마다 육신의 약점이 있죠. 저는 어렸을 때부터 감기에 자주 걸렸습니다. 기관지가 좋지 않았다고 해요. 혹시 완벽한 건강을 가진 분이 계십니까? 그렇다 해도 나이가 들면 몸은 약해집니다.

최근에 어떤 영상을 봤는데, 연세가 칠십인 어르신이 달리기를 정말 잘했습니다. 그렇지만 아무리 훈련하고 관리를 해도, 70대가 20대를 이길 수는 없습니다. 우리의 겉사람은 늙을 수밖에 없습니다. 또한 우리 가운데 선천적 혹은 후천적 신체장애가 있는 분들이 계십니다. 살면서 불편함이 컸습니다. 그런데 부활하게 되면, 우리의 모든 육체는 건강하고 강해집니다.

다시는 사망이 없고 애통하는 것이나 곡하는 것이나 아픈 것이 다시 있지 아니하리니(계 21:4).

총신대학교 신학대학원에서 실천신학을 가르치셨던 황성철 교수님은 소아마비로 인해 늘 신체적 콤플렉스가 있으셨습니다. 하루는 수업 시간에, 자신은 늘 부활을 소망한다고 말씀하셨습니다. 부활하면 이제는 장애가 완전히 사라지기 때문입니다. 소록도 나환자촌에 있는 성도들도 그렇게 부활을 갈망했습니다. 부활하면 자신의 병과 신체적 장애가 다 사라지니까요. 평생 원했던 온전한 육체, 아니 그 이상의 육체를 얻게 되니 갈망할 수밖에 없는 것입니다. 우리가 부활할 때 지금과는 비교가 되지 않는 최고의 신체를 갖게 됩니다.

④ 신령한 몸

지금 우리가 이 세상에서 경험하는 몸은 육의 몸이라고 합니다. 예수님을 믿어도 육체적으로 죄를 지을 가능성이 다분한 몸입니다. 그리고 실제로 이 몸으로 죄를 많이 짓습니다.

신앙인으로서 언제가 가장 비참합니까? 방금 전까지 교회에서 은혜 받고 찬양하고 기도했는데, 집에 가면서 그 입술로 바로 남을 욕할 때 아닙니까? 이 땅에서의 육신은 온전하지 못합니다. 사도 바울조차도 자기 몸 안에서 죄의 법이 늘 자기를 통제하는 것

때문에 힘들어했습니다.

그러나 부활을 경험한 다음에는 우리의 육체가 신령해집니다. 이 말은 성령의 완벽한 통제를 받게 된다는 뜻입니다. 조금도 죄악 된 길로 가지 않고, 성령이 원하시는 대로만 사용되는 육체가 되는 것입니다. 이것이 신령한 몸입니다.

예수를 나의 구주로 믿고 살아가는 우리에게는 몸의 부활이라는 놀라운 축복이 있습니다. 여러분은 여러분에게 임할 육체의 부활을 모두 믿으십니까? 그렇다면 육체의 부활을 믿고 사는 우리는 부활 전까지 이 땅에서 어떻게 살아가면 좋을까요?

4. 몸의 부활을 믿는 우리의 삶의 자세

고린도전서 15장은 부활장입니다. 부활만을 가장 집중적으로 기록해 놨습니다. 고린도전서 15장을 읽으면, 육체의 부활을 믿는 우리가 이 땅에서 어떻게 살지를 알 수 있습니다.

① 정신을 똑바로 차려라!

바울이 1년 6개월 동안 사역했던 고린도교회는 시간이 지나면서 여러 가지로 변질되었습니다. 무엇보다도 세상의 문화가 교회에 깊숙이 들어왔습니다. 이 당시에는 투기장인 원형극장 형식의 스타디움이 있었습니다. 거기에는 사자들이 사는 사자 굴이 있었고, 그 옆에는 검투사의 숙소가 있었습니다. 검투사들은 사자와 싸우기 전날, 고기와 포도주와 진수성찬에 여자들까지 대동해서 쾌락의 시간을 즐겼습니다. 어차피 내일 죽을 테니, 오늘은 먹고 마시고 즐기자는 것이었습니다. 고린도전서 15장 32절처럼 실제로 그들은 "내일 죽을 터이니 먹고 마시자"라고 말했습니다.

이러한 삶의 풍속도는 지금과도 비슷합니다. 현대인들은 '지금을 즐기자!'라는 쾌락 지향주의에 빠져있습니다. 먼 미래를 바라보기보다는 지금 자체에만 신경쓰면서 쾌락적 본능에 빠져 살아갑니다. 인간은 즐거운 것이 좋고, 편한 것이 좋습니다. 그래서 가만히 있으면 우리도 이런 죄의 조류에 휩쓸리게 됩니다. 쾌락을 쫓아가게 될 수밖에 없습니다. 바울은 이렇게 말합니다.

속지 말라 악한 동무들은 선한 행실을 더럽히나니(고전 15:33).

그렇다면 어떻게 살아야 합니까? 고린도전서 15장 34절 말씀을 보세요.

깨어 의를 행하고 죄를 짓지 말라(개역개정)
똑바로 정신을 차리고 죄를 짓지 마십시오!(새번역)
똑바로 생각하십시오 깨어나 거룩한 삶을 사십시오(메시지 성경)

예수님의 부활을 통한 육신의 부활을 믿는 사람은 세상의 쾌락대로 살지 않습니다. 이것은 절대 우리 삶의 방향성이 아닙니다. 부활을 믿는 성도는 막 살지 않습니다. '나중에 부활하는데, 뭐 괜찮겠지?' 절대 이런 생각을 가질 수 없습니다.

부활을 고대하는 성도는 부활의 영광에 동참할 것을 기대하기 때문에 결코 세속적으로 살지 않고, 물질로 살지 않으며, 음란으로 살지 않고, 죄를 즐기면서 살지 않습니다. 이 세상이 끝이 아니기에 영원한 삶을 바라보면서 정신을 차리고 바로 살게 됩니다.

② 어떠한 순간에도 희망과 위로를 가져라!

몸의 부활은 우리에게 엄청난 희망과 위로를 주는 진리입니다. 여러분 중에는 자녀를 먼저 하나님 품에 보낸 분이 계실 것입니다. 사랑하는 배우자를 먼저 떠나보낸 분도 계실 것이고, 보고싶은 부모님을 보내드린 분들도 계실 것입니다. 또한 큰 참사로 인해 직·간접적으로 믿음의 형제자매를 하나님께 먼저 보낸 분들이 계실 것입니다. 세월호라든지, 무안 공항 참사라든지, 사고로 뜻하지 않은 이별을 경험했을 수 있습니다.

이는 우리에게 너무나도 큰 슬픔입니다. 그러나 예수 안에 있는 자, 믿음 안에 사는 자는 모두 다시 만납니다. 영적으로 만나는 것이 아닙니다. 꿈이나 환상으로 만나는 것이 아닙니다. 우리는 실제로, 지금과 같은 육체를 가지고 진짜로 만나게 됩니다!

우리가 지금 만나듯이요. 그것도 지금보다 훨씬 아름답고 영광스러운 모습으로 말입니다. 제가 청암교회에 부임해서 직접 집례한 장례 예배가 대략 67건 정도입니다. 집사님, 권사님, 장로님들을 떠나보낼 때마다 가슴이 참 아팠습니다. 하루는 설교를 준비하던 중에 이분들이 많이 묻혀 계시는 청암동산이 생각나서, 아침에 파주에 있는 청암동산에 다녀왔습니다. 거기에는 먼저 하나님의 부르심을 받은 173분의 묘소가 있습니다. 제가 부임해서 집례한 분들 묘소를 하나씩 보는데, 딱 한 마음뿐이었습니다.

'아무개 장로님, 아무개 권사님의 몸의 부활을 믿습니다'

몸의 부활이 있다는 것이 우리에게 얼마나 큰 희망이 되는지 모릅니다. 우리의 힘들고 아픈 마음을 사라지게 하고, 오늘을 사는 힘을 주게 됩니다. 현재 살아가는 것이 너무나도 괴롭고 힘들지만, 몸의 부활이 있는 것이 우리에게 얼마나 큰 위안과 행복이 되는지 모릅니다.

이승장 목사님이 자신이 최근에 쓴 『부활이 있기에』라는 책을 제게 직접 추천해 주었습니다. 바로 구입해서 읽었습니다. 이승장 목사님은 소년 시절에 로망이 있었습니다. 착하고 아름다운 여인과 결혼해서 예쁜 딸을 갖는 것이었습니다. 그리고 군 생활 하던 중에 사무엘서를 읽다가 한나라는 이름에 꽂혀서, 나중에 딸을 얻으면 '한나'라고 지으려고 준비를 했습니다. 드디어 꿈이 이뤄졌습니다. 예쁘고 마음씨 고운 여자를 만나 결혼을 하고 첫딸을 낳았습니다.

경제적으로 힘들게 선교 단체 간사 생활을 할 때도, 딸이 "아빠 사랑해" 하며 뽀뽀만 해주면 모든 근심 걱정이 사라졌습니다.

그런데 고난주간이였던 1977년 4월 6일, 딸 한나가 8년 2개월의 세상살이를 끝내고 세상을 떠났습니다. 이제 딸이 죽은 지도 50년 가까이가 되었지만 아직도 딸을 생각하면 가슴이 먹먹해지고 눈가에 눈물이 고이신답니다. 실제로 딸이 죽었을 때, 목사님과 사모님의 신앙은 통째로 흔들렸습니다. 그 허망한 마음을 달래기 위해 딸과 함께 갔었던 신촌을 구석구석 가보고 딸의 물품도 만져보았지만 아무리 노력해도 허한 마음은 채워지지 않았습니다.

그러다가 이 고린도전서 15장을 묵상하고 공부하는데, 그 말씀 가운데 치유가 임하게 되었습니다.

'부활이요, 생명이신 우리 주님은 우리를 그냥 내버려두지 않으시는구나. 사망의 음침한 골짜기를 지날지라도, 결국 부활의 은혜를 체험하게 하시는구나.'

고린도전서 15장, 부활장이 마음 깊이 들어오고 이것이 실존으로 체험되자 모든 어려웠던 마음들이 사라졌습니다. 이승장 목사님과 사모님은 주님의 재림 때 부활하여 그토록 사랑했던 딸 한나를 만나게 됩니다. 지금 두 분에게는 이것이 가장 큰 위로입니다.

몸의 부활을 믿는 우리 모든 자들에게 놀라운 소망이 임하게 됩니다. 여러분 역시, 몸의 부활을 믿어 주님이 주신 소망을 체험하시길 바랍니다.

제12장

영생을 믿습니다

(계 22:1-5)

또 그가 수정 같이 맑은 생명수의 강을 내게 보이니 하나님과
및 어린 양의 보좌로부터 나와서 길 가운데로 흐르더라
강 좌우에 생명나무가 있어 열두 가지 열매를 맺되 달마다 그 열매를
맺고 그 나무 잎사귀들은 만국을 치료하기 위하여 있더라 다시 저주가
없으며 하나님과 그 어린 양의 보좌가 그 가운데에 있으리니
그의 종들이 그를 섬기며 그의 얼굴을 볼 터이요
그의 이름도 그들의 이마에 있으리라 다시 밤이 없겠고 등불과 햇빛이
쓸 데 없으니 이는 주 하나님이 그들에게 비치심이라
그들이 세세토록 왕 노릇 하리로다(계 22:1-5).

기네스북에 보면 세계에서 가장 오래 산 사람은 프랑스의 잔 루이즈 칼망(Jeanne Louise Calment)으로, 사망 당시 122세였습니다. 칼망 할머니는 건강을 위해 85세에 펜싱을 시작했고 무려 110세까지 자전거를 탔다고 합니다. 또 좋은 것은 아니지만 117세까지 담배를 피우셨는데 만약 담배를 안 피우셨다면 130세는 넘기지 않았을까 생각해 봅니다.

우리나라에서는 비공식적으로 김진화 할머니가 132세까지 사신 것으로 알려져 있습니다. 이분이 늘 하신 말씀이 "왜 이렇게 병도 안 나고 오래 사는지 모르겠어"였다고 합니다. 건강하게 장수하신 것이죠. 오죽하면 "이제는 조용히 눈을 감고, 하나님이 불러주시길 기다리고 있어"라고 하셨을까요. 믿기 힘들지만 중국의 리청유엔은 253세까지 살았다는 기록이 있습니다.

그러나 아무리 오래 살더라도 결국에는 다 죽었습니다. 오래 살고 싶어 하는 것, 죽기 싫어하는 것은 인간의 본능입니다. 왜요? 전도서 3장 11절을 보면 하나님이 사람들에게 영원을 사모하는 마음을 주셨기 때문입니다. 우리는 죽지 않고 영원히 살길 원합니다. 그러나 불가능해 보입니다. 실제로 어떠한 인간도 죽음을 이겨낼 수 없습니다. 왜 그런가요? 죄의 결과로 우리에게 죽음이 필연처럼 찾아왔기 때문입니다. 성경은 말합니다.

한 번 죽는 것은 사람에게 정해진 것이요(히 9:27).

하지만 처음 우리를 향한 하나님의 뜻은 우리가 영원히 사는 것이었습니다. 인간이 창조되고 죄가 아직 들어오지 않았을 때 인간은 영생할 수 있었습니다. 그렇게 만들어졌었습니다. 그런데 죄로 인해 죽음이 들어와서 그럴 수 없게 되었습니다. 하나님은 이러한 우리를 불쌍히 여기시고, 우리 죄의 문제를 완벽히 해결해 주셨습니다. 그리고 다시 한번 우리에게 영생의 길을 열어주셨습니다.

이번 12장은 사도신경의 마지막으로, **'영원히 사는 것을 믿사옵나이다'**입니다. 즉 영생입니다. 이것은 우리를 향한 하나님의 놀라운 계획이자 축복입니다.

1. 영생은 우리를 사랑하시는 하나님의 계획이다.

하나님이 세상을 이처럼 사랑하사 독생자를 주셨으니 이는 그를 믿는 자마다 멸망하지 않고 영생을 얻게 하려 하심이라(요 3:16).

하나님이 우리를 너무나 사랑하셔서 우리의 죄를 용서하시기 위해 하나밖에 없는 아들 예수님을 주셨고, 그 예수님을 믿는 자는 멸망하지 않고 영생을 얻게 된다고 약속하셨습니다. 다른 것이 아닌 **영생을 약속**하셨습니다. 하나님이 얼마나 우리를 사랑하시고 영생을 주기 원하시는지 아십니까? 신약에만 영생이라는 단어가 무려 **41회**나 반복되고 있습니다. 주요 구절을 함께 보겠습니다.

내가 진실로 진실로 너희에게 이르노니 내 말을 듣고 또 나 보내신 이를 믿는 자는 영생을 얻었고 심판에 이르지 아니하나니 사망에서 생명으로 옮겼느니라(요 5:24).
내 아버지의 뜻은 아들을 보고 믿는 자마다 영생을 얻는 이것이니 마지막 날에 내가 이를 다시 살리리라 하시니라(요 6:40).
내 살을 먹고 내 피를 마시는 자는 영생을 가졌고 마지막 날에 내가 그를 다시 살리리니(요 6:54).
내가 그들에게 영생을 주노니 영원히 멸망하지 아니할 것이요 또 그들을 내 손에서 빼앗을 자가 없느니라(요 10:28).
우리 주 예수 그리스도로 말미암아 영생에 이르게 하려 함이라 하나님의 은사는 그리스도 예수 우리 주 안에 있는 영생이니라 (롬 5:21, 6:23).
내가 하나님의 아들의 이름을 믿는 너희에게 이것을 쓰는 것은 너희로 하여금 너희에게 영생이 있음을 알게 하려 함이라(요일 5:13).

하나님의 사랑 안에서 자신을 지키며 영생에 이르도록 우리 주 예수 그리스도의 긍휼을 기다리라(유 1:21).

이렇게까지 반복해서 말씀하시는 것은, 하나님이 우리를 정말로 사랑하신다는 뜻입니다.

2. 아무나 영생의 축복을 누리지 못한다.

요한복음 3장 16절 말씀처럼, 예수님을 믿어야만 영생에 이릅니다. 그렇다면 믿지 않은 사람들의 운명은 어찌 되는 것일까요?

그들은 영벌에, 의인들은 영생에 들어가리라 하시니라(마 25:46).

인간의 운명은 둘 중 하나입니다. 영생 아니면 영벌이죠. 천국에서 영원한 생명 속에 사느냐, 아니면 지옥에서 영원한 벌을 받느냐 둘 중 하나밖에 없습니다.

요즘은 군대가 참 좋아졌습니다. 휴대폰도 주고, 월급도 200만 원이나 준다고 합니다. 하지만 여전히 군대에 좋아서 가는 사람은 못 봤습니다. 내일 아들이 군대에 가는데 식구들이 축하 파티를 합니까? 반대일 것입니다. 왜요? 가면 아들이 고생하니까요. 자유도 없고 통제 속에 사니까요. 감옥이 왜 힘듭니까? 일하지 않아도 밥이 나오고 잠잘 곳도 있으니 좋은 곳입니까? 아니죠! 자유가 없습니다. 통제 속에 삽니다. 영벌은 이것과 비교도 안 됩니다. 엄청난 고통 속에서 영원히 그곳에서 살아야만 합니다.

또 왼편에 있는 자들에게 이르시되 저주를 받은 자들아 나를 떠나 마귀와 그 사자들을 위하여 예비된 영원한 불에 들어가라(마 25:41).
하나님을 모르는 자들과 우리 주 예수의 복음에 복종하지 않는 자들에게 형벌을 내리시리니 이런 자들은 주의 얼굴과 그의 힘의 영광을 떠나 영원한 멸망의 형벌을 받으리로다(살후 1:8-9).

웨스트민스터 대요리문답 89번에서는 이렇게 말하고 있습니다.

문: 심판 날에 악인들에게는 무슨 일이 일어날 것입니까?
답: (전략) 지옥에 던져져서 몸과 영혼 둘 다 마귀와 그의 천사들과 함께 말할 수 없는 고통의 형벌을 영원히 받을 것입니다.

우리가 반드시 기억해야 할 것은 믿지 않은 자들에게는 영생의 반대인 영벌이 있다는 것입니다. 이것은 우리가 주변 사람들을 전도해야 할 중요한 이유가 될 것입니다.

3. 어디서 영생의 삶을 사는가?

이 책을 읽으시는 분들은 모두 영생을 원하고 믿을 것입니다. 그렇다면 영생의 장소는 어디일까요? 우리는 '천국' 하면 너무 막연하게 생각하는 경향이 있습니다.

어느 목사님이 주일학교 예배 때 천국에 대해 설교하셨습니다.

"천국은 너무너무 좋은 곳이야. 도로는 금으로 포장되어 있고, 온갖 아름다운 열매가 사시사철 열리는 곳이지. 천국에 들어가면 아름다운 모습으로 변화될 거야."

이렇게 천국에 대해 말씀하시고는 아이들에게 물었습니다.

"천국에 가고 싶은 사람 손 들어 보세요!"

그러자 한 아이만 빼고 다 들었습니다. 선생님이 물었습니다.

"왜, 너는 천국 가기 싫어?"

아이가 대답합니다.

"아니요. 저도 천국 꼭 가고 싶은데요. 엄마가 교회 끝나면 아무 데도 가지 말고 집으로 곧장 오라고 했거든요."

이 예시에서처럼 우리는 천국을 너무 단순하게 생각하거나, 막연하게 생각하는 경향이 있습니다.

우리가 예수 안에서 살다가 죽게 되면, 우리의 육체는 썩고 영혼은 낙원에 이른다고 했습니다. 그리고 예수님이 재림하실 때 우리의 육체가 부활하여 영혼과 통일체를 이루게 됩니다. 예수님 재림

이후에 사는 공간과 지금 예수 안에 죽은 영혼들이 사는 공간은 서로 다른 곳입니다. 보통 둘 다 천국이라고 통칭을 합니다. 틀린 것은 아니지만 구별이 되어야 합니다.

> 보라 내가 새 하늘과 새 땅을 창조하나니 이전 것은 기억되거나 마음에 생각나지 아니할 것이라(사 65:17).
> 내가 지을 새 하늘과 새 땅이 내 앞에 항상 있는 것 같이 너희 자손과 너희 이름이 항상 있으리라 여호와의 말이니라(사 66:22).

우리가 재림 이후에 살 곳은 바로, 새 하늘과 새 땅입니다. 이것을 한자로 하면 신천지(新天地)가 되는 것이죠. 신천지는 원래 참 좋은 이름입니다. 우리가 부활 이후에, 영원히 사는 곳입니다. 그런데 이단 신천지의 이만희가 그 이름을 사용해서 나쁜 이름이 되어 버렸습니다. 매우 안타깝습니다. 우리는 새 하늘과 새 땅에서 영생의 삶을 살게 됩니다.

4. 새 하늘과 새 땅은 어디에 있는가?

그렇다면 새 하늘과 새 땅은 과연 어디에 있을까요? 다른 행성에 있을까요? 아니면 우리가 알지 못하는 특별한 천국의 공간이 있는 것일까요? 아닙니다. 지금 우리가 살고 있는 바로 이 땅, 지구를 말합니다. 여기에는 크게 두 가지 설이 있습니다.

① 세계 파괴설

세계 파괴설은 예수님 재림 때 이 지구는 파멸, 멸망을 하게 되고, 모든 것이 무로 돌아간다는 것입니다. 다시 이곳에 새로운 하늘과 새로운 땅이 만들어지게 되고, 우리가 거기서 영원히 산다는 입장입니다. 루터파 정통주의 신학자들이 세계 파괴설을 주로 주장을 했습니다. 벨직 신앙고백서 37조의 도르트 총회 공인본을 보면, "옛 세상을 정결케 하기 위하여 불과 화염으로 사르실 것을 믿는다"(벧후 3:7, 10, 살후 1:8)고 나와 있는데, 1562년 원본대로 하면, '소멸시켜 버리기 위하여'로 나와 있어서, 세계 파괴설을 지지합니다. 조나단 에드워즈(Jonathan Edwards)도 세계 파괴설을 명시적으로 주장했고, 강해 설교가 존 맥아더(John MacArthur)도 이 입장을 견지했습니다. 또한 웨슬리, 베이어, 호라즈가 세계 파괴설을 주장하는 입장입니다.

하나님의 날이 임하기를 바라보고 간절히 사모하라 그 날에 하늘이 불에 타서 풀어지고 물질이 뜨거운 불에 녹아지려니와, 우리는 그의 약속대로 의가 있는 곳인 새 하늘과 새 땅을 바라보도다(벧후 3:12-13).

② 만유 갱신설

만유 갱신설은 예수님 재림 때 지구가 파괴되는 것이 아니고, 이 지구가 오히려 새롭게 된다는 것입니다. 그리고 우리는 새롭게 된 이 땅에서 영원히 산다는 것입니다. 루터, 칼빈, 어거스틴이 대표적으로 주장했고, 개혁주의자들은 대부분 만유 갱신설을 따르고 있습니다. 다음의 이유 때문입니다.

첫째, 새 하늘과 새 땅의 원어적 해석 때문입니다.

'새'(new)를 뜻하는 헬라어 단어로는 '카이노스'(καινός)와 '네오스'(νέως)가 있습니다. 카이노스는 성질이나 특성 면에서의 새로움을 의미합니다. 네오스는 시간이나 기원 면에서의 새로움을 의미합니다. 본문에서의 새 하늘과 새 땅의 '새'는 '카이노스'입니다. 만약에 없던 것에서 새롭게 만들어지고, 이전의 것을 없애고 다시 새로 창조되면 '네오스'를 사용했을 것입니다. 그런데 지금 하늘과 땅을 질적으로 변화시켜서 새로운 모습으로 재창조시킨 것이기에, '카이노스'를 사용한 것입니다. 따라서 성경 원어대로 해석한다면 하나님이 이 지구를 새롭게 변모시키시고 우리가 여기서 살 것을 분명히 말씀하신다는 것입니다.

둘째, 신자의 부활체의 모습 때문입니다.

우리가 부활할 때 다른 육체를 가져오지 않습니다. 앞 장에서 말씀드렸지만, 우리의 모습은 가장 아름답고 영광스러운 모습으로 변화가 됩니다. 그런다고 해서 내가 다른 사람으로 다시 태어나지는 않습니다. 환생이 아닙니다. 여러분이 장동건 씨의 몸으로, 김희선 씨의 몸으로 태어나는 것이 아닙니다. 우리의 지금의 육체가 최고의 모습으로 변화되는 것입니다.

지금 우리가 입고 있는 몸과 부활의 몸은 연속성이 있습니다. 그런 측면에서 우리가 살 곳도 연속성이 있다는 것입니다. 노아의 홍수 때 하나님이 세상을 심판하셨습니다. 그렇다고 지구를 없애시지 않고, 새롭게 지각 변동을 일으키셨습니다. 그것과 동일한 것입니다. 단, 지금의 지구의 모습이 아닙니다. 가장 아름답고 멋진 모습으로 이 땅을 변화시키신다는 것입니다. 요한계시록 21-22장에는 이 세상에서 볼 수 없는 황홀한 모습이 나옵니다.

셋째, 하나님은 창조 세계를 포기하지 않으시기 때문입니다.

사탄에 의해서 세상에 죄가 들어오게 되었습니다. 그리고 죄로 물든 이 땅을 하나님이 심판하시게 됩니다. 죄악 된 이 세상을 포기해 버리신다면 결국에 하나님의 실패를 인정하시는 셈이 됩니다. 반대로, 하나님은 이 땅과 하늘을 새롭게 만드시고 영광스럽게 하시면서 동시에 사탄을 물리치시고 자기의 승리를 선포하실 수 있습니다. 이러한 이유로 인해 제가 속한 합동 측 교단의 신학자들을 포함한 대부분의 개혁주의 신학자들은 우리가 살고 있는 이 땅이 갱신될 것으로 믿습니다. 새롭게 만들어진 새 하늘과 새 땅에서 우리가 영생할 것을 믿고 있는 것입니다.

5. 새 하늘과 새 땅에서 무엇을 하는가?

어떤 사람은 천국, 새 하늘과 새 땅에 가면 너무나도 지루할 것이라고 이야기합니다. 특히 주일학교 아이들에게 천국에서 예배 드린다고 하면 아이들이 엄청 싫어합니다.

"지루한 예배를 매일 드려요? 그럼 저 안 갈래요."

이런 아이도 있습니다. 그러나 천국은 결코 지루한 곳이 아닙니다. 거기서 하나님께 예배하고, 성도들과 함께 어울려 놀며 교제하며, 매일 파티가 열리며, 즐겁게 먹고 마실 것입니다.

> 만군의 여호와께서 이 산에서 만민을 위하여 기름진 것과 오래 저장하였던 포도주로 연회를 베푸시리니 곧 골수가 가득한 기름진 것과 오래 저장하였던 맑은 포도주로 하실 것이며(사 25:6).

이것이 매일 진행될 천국 연회의 모습입니다. 천국에서도 우리의 삶이 있습니다. 천국의 백성들과 교제를 나누며 살아가는 즐거운 삶이 있습니다. 단, 눈물, 고통, 슬픔, 힘듦, 아픔, 이런 부정적인 것들은 조금도 없습니다.

이사야 11장에 보면 새 하늘과 새 땅의 모습이 나오는데 동물들이 나옵니다. 즉, 천국에도 동물들이 있는 것이죠. 지금 여러분이 키우는 강아지와 고양이가 꼭 아니더라도, 천국에 반려동물들이 얼마든지 있습니다. 많은 동물이 있어요. 그러나 지금 이 세상의 동물들과는 또 다릅니다. 지금은 동물 중에 맹수가 있고, 맹독류가 있습니다. 그러나 새 하늘과 새 땅에서는 동물들도 다 변화됩니다. 이제는 약육강식이 없어지게 됩니다.

이사야 11장을 보세요. 이리와 어린양이 같이 친구 삼아 놀고, 표범과 염소가 서로 쓰담으며 누워 있고, 사자와 송아지가 함께 뛰놉니다. 어린아이가 장난으로 독사 굴에 손을 넣어도 아무런 문제가 없고 코브라가 더 이상 누군가를 공격하지 않습니다. 이사야 10장 9절을 보면, 천국은 해 됨도 상함도 없는 곳이라고 합니다.

그래서 천국은 말 그대로 파라다이스라고 할 수 있습니다. 좋은 것밖에 없습니다. 매일 좋은 것을 즐기는 삶을 사는 것입니다. 신학자 게할더스 보스(Geerhardus Vos)는 "행복의 최고의 상태를 낳는 질서"라고 말했고, 루이스 벌코프(Louis Berkhof)는 "그 어떤 불완전이나 현세의 방해물이 없을 것이다"라고 했습니다. 성경의 말씀처럼 하나님이 주신 진정한 위로로 찬 기쁨만 있고(계 21:4), 우리가 영원히 기뻐하는 곳이 새 하늘과 새 땅입니다(사 65:18, 66:10-11).

여러분 이러한 새 하늘과 새 땅에서 영생하길 원하십니까? 상상만 해도 즐겁지 않습니까? 바울은 이러한 천국을 맛보기로 체험하고서 너무 좋아 이 땅에 살지 않고 빨리 그곳으로 가고 싶어 했습니다. 하나님은 우리에게 영생을 약속하셨고 준비하고 계십니다. 이 땅에서 우리에게 필요한 것은 영생을 준비하는 삶입니다.

6. 어떻게 영생을 준비할까?

① 영원한 것에 투자하자!

요즘 우리 교회 근처 곳곳에 재개발 현수막이 붙어 있습니다. 아시다시피 재개발은 시간이 많이 걸립니다. 보통 10년 이상 걸립니다. 그래서 연로하신 분들은 재개발이 된 후에 새로운 아파트에서 살지 못할 확률이 있습니다. 그래도 재개발을 찬성하는 것은, 내 자식이 거기서 살 수 있으니까, 자녀에게 물려주면 되니까 그렇습니다. 우리가 지금 살고 있는 집은 일종의 투자 개념이 되는 것이죠. 제가 이 책을 통해 여러분에게 좋은 투자 매물을 하나 소개해 드리겠습니다.

> 만일 땅에 있는 우리의 장막 집이 무너지면 하나님께서 지으신 집 곧 손으로 지은 것이 아니요 하늘에 있는 영원한 집이 우리에게 있는 줄 아느니라(고후 5:1).

여기에 보면 두 종류의 집이 나옵니다. 하나는 우리가 이 땅에서 살고 있는 집이고, 다른 하나는 하늘에 있는 집입니다. 이 땅에서 우리가 사는 그 집을 가리켜서 헬라어로 '오이키아'(οἰκία)라고 합니다. 이것은 언제나 허물고 새로 지을 수 있는 집을 말합니다. 즉 텐트 같은 것입니다. 그리고 하늘에서 사는 집이 있는데, 그 집은 헬라어로 '오이코도메'(οἰκοδομή)입니다. 이 집은 결코 무너지지 않는 큰 빌딩과 같은 건물입니다. 여러분은 텐트를 원하십니까 아니면 5층짜리 빌딩을 원하십니까? 후자일 것입니다. 성경은 이 세상에서 우리의 집, 우리의 삶은 텐트라고 말하고 있습니다.

너희 생명이 무엇이냐 너희는 잠깐 보이다가 없어지는 안개니라
(약 4:14).

우리의 인생은 이 땅에서 잠깐 사는 것입니다. 베드로전서 2장 11절은 우리가 잠깐 거주하는 이방인, 외국인에 불과하다고 말하고 있습니다. 어떤 유명한 여행 유튜브를 본 적이 있습니다. 유튜버가 파키스탄에 갔는데 거기서 한국말을 무척 잘하는 한 사장님을 만나게 되었습니다. 어떻게 한국말을 잘하는지 물어봤더니 김포에서 외국인 근로자로 수년간 일을 했다고 하더라고요. 지금은 파키스탄에서 사장님이 되어 으리으리한 별장 같은 데서 사는데 가사도우미도 있고 운전 기사까지 있었습니다.

그런데 이분이 한국에서 노동자로 일할 때는 그 돈으로 한국에서 좋은 차도 사고, 좋은 가전제품 장만하고, 아파트나 부동산 투자도 했을까요, 안 했을까요? 아마 안 했을 것입니다. 왜요? 이곳은 자기가 살 곳이 아니니까요. 그래서 돈을 모아 자기가 살 자기 나라에 투자를 한 것이죠. 그게 맞는 것이죠.

지금 우리가 살고 있는 이 땅은 잠깐 살 곳입니다. 안개처럼 매우 잠깐 다녀갑니다. 그런데 우리는 이 땅의 것에 투자를 너무 많이 합니다. 자녀 교육, 재산, 물질 등 모든 것에 하고 있습니다. 이것은 텐트에 투자하는 일입니다. 하늘에 우리를 위한 빌딩이 있는데, 거기에는 투자하지 않고 엉뚱한 곳에 투자하고 있다는 것입니다. 그 빌딩을 더 올려야 하는데, 시설 투자를 해야 하는데, 전혀 돌보지 않고 있습니다. 안타깝게도 다른 곳에 투자하고 있습니다.

기억해야 합니다. 우리의 진짜 집은 지금 우리의 아파트, 빌라, 주택이 아닙니다. 그게 아무리 비싸도 하나님 보시기에는 텐트에 불과합니다. 우리의 진짜 주택은 하늘에, 새 하늘과 새 땅에 있으며 그것은 없어지지 않는 영원한 것입니다. 영원한 것에 투자하시길 소망합니다. 그렇다면 구체적으로 어떻게 투자할 수 있을까요?

② **주의 일에 힘쓰라!**

고린도전서 15장은 '부활장'입니다. 예수님의 부활, 우리의 부활에 모든 것이 초점이 맞춰져 있습니다. 이 부활장의 결론이 무엇인 줄 아십니까?

> 그러므로 내 사랑하는 형제들아 견실하며 흔들리지 말고 항상 주의 일에 더욱 힘쓰는 자들이 되라 이는 너희 수고가 주 안에서 헛되지 않은 줄 앎이라 (고전 15:58).

말씀은 영생을 믿으며 살아가는 사람은 주의 일에 더욱 힘써야 한다고 합니다. 이것이 바로 천국에서 영원히 살 집에 대한 투자라는 것입니다.

우리 주변에 간혹 이해가 안 되는 행동을 하는 분들이 있습니다. 한국에서 의사로, 교수로 상위 계층에 있다가, 자신의 모든 것을 다 내려놓고 아프리카나 오지에 가서 자기 인생을 송두리째 헌신하는 분들입니다. 제가 아는 분도 시리아 난민들을 위해서 평생을 헌신하고 계십니다. 왜 그럽니까? 새 하늘과 새 땅에서 살 집에 투자하기 위함입니다.

미국 명문 휘튼 대학을 수석으로 졸업한 짐 엘리엇(Jim Elliot)은 29세에 에콰도르에 복음을 증거하러 갔다가 순교를 당합니다. 이때 총 다섯 명이 죽임을 당하는데, 미국 한 잡지에서 쓸모없는 낭비라고 그들의 죽음을 비아냥거렸습니다. 그런데 짐 엘리엇이 생전에 한 말이 무엇인 줄 아십니까?

"영원한 것을 얻기 위해 영원하지 않은 것을 버리는 자는 절대 어리석은 자가 아니다."

'나의 관심은 오직 영원한 것이다. 이 땅의 것이 아니다'라는 하늘 소망에 대한 확신이 있었기에 그는 자기 목숨을 포기하면서까지 영원한 것에 투자를 한 것입니다. 이미 영생이 약속된 우리에게 이 땅의 것은 아무것도 아닙니다. 그렇기에 우리는 하늘 소망을 품고, 주의 일에 더욱 힘써야 합니다. 영원한 것에 투자해야 합니다. 어떻게요? 어려운 이웃이 있으면 도와주십시오. 우리나라에 살고 있는 어려운 외국인들을 도와주십시오. 산불 피해로 이재민이 생겼다면, 그들을 도와주십시오. 한마음이 되어서 어려움에 처한 이웃을 돕는 헌금을 하는 것입니다. 이런 선행과 돕는 것이 다 주의 일입니다.

뿐만 아니라 교회를 사랑하고, 교회가 힘쓰는 일에 함께 동참해 주십시오. 이 시대는 성도들의 교회에 대한 헌신도가 갈수록 약해지고 있습니다. 과거 우리 부모님 세대는 자신은 궁핍하고 힘들고 어려워도 교회 일에는 전심전력으로 헌신하며 투자했습니다. 하늘의 집에 투자를 하셨던 것입니다. 그러나 지금을 보면, 영생에 대한 확신을 품고 살아가는 이들이 많이 보이지 않습니다.

썩는 양식을 위하여 일하지 말고 영생하도록 있는 양식을 위하여 하라(요 6:27).

성경은 영원한 것에 투자하라고 분명히 말씀하고 있습니다. 이 땅의 것이 아닌 하늘의 것에 투자하십시오! 주의 일에 더욱 힘쓰십시오! 그것이 영생을 위해서 투자하는 것입니다. 그리고 반드시 그 열매를 얻게 될 것입니다.

● 나가는 글

우리 신앙의 최고의 보물은 사도신경이다

 12주간 사도신경 강해 설교를 한 솔직한 느낌을 먼저 말하고 싶습니다. 저는 주일에 거의 대부분 강해설교를 합니다. 성경 각 권을 가지고 설교를 하는데 강해 설교를 하게 되면 설교자부터 공부를 많이 하게 되고, 말씀에 대한 새로운 인사이트를 얻는 장점이 있습니다. 따라서 새로운 성경 정해지면 저는 매우 흥분됩니다.
 그러나 사도신경 강해는 전혀 그런 느낌이 없었습니다. 교회의 필요에 따라서 시작은 했지만, 우선 너무 익숙한 내용이라 전혀 흥미롭지 않았습니다. 또한 이미 완성된 교리를 가지고 강해를 해야 하기에 새로움도 없었습니다.
 그런데 12주에 걸친 사도신경 강해가 다 끝났을 때는 처음 시작 때와 완전히 다른 감흥이 제 안에 있음을 알게 되었습니다. 오히려 강해가 끝나고 나니, '왜 사도신경 설교를 하는가?' '왜 교인들에게 사도신경을 가르쳐야 하는가?'에 대한 이유가 더 명확해졌습니다. 다른 성경 각 권 강해를 할 때 보다 오히려 사도신경 강해를 할 때 더 강한 확신이 생겼습니다. 무조건 사도신경은 강해를 해야 한다는 것을요.

다음의 이유가 사도신경 강해 설교 후 제 안에 든 확신입니다.

첫 번째로, 사도신경은 복음의 정수였습니다. 사도신경 하면, 로마서 1장 16절 말씀이 가장 먼저 떠오릅니다. "이 복음은 모든 믿는 자에게 구원을 주시는 하나님의 능력이 됨이라."(롬 1:16) 사도신경을 깊이 파면 팔수록 강력한 복음의 능력을 체험할 수 있었습니다. 한 주 한 주 설교의 횟수가 늘어날 때마다 복음을 더 깊게 파고 들어 가고 있었습니다. 함께 편집에 참여했던 자매는 편집 과정에서 펑펑 울기도 했습니다. 글로 다시 보면서 복음의 능력이 더 크게 느껴졌기 때문입니다. 실은 저도 제가 설교한 원고지만, 다시 원고를 읽으면서 복음의 능력에 압도되는 경험을 했습니다.

요즘 주일 강단에 복음이 빠져 있다는 이야기를 자주 듣습니다. 기독교가 복음이 없으면 무슨 의미가 있을까요? 설교에서 복음이 없으면 설교에 무슨 가치가 있을까요? 사도신경을 강해하면서 복음을 체험할 수 있어서 가장 좋았습니다.

두 번째로, 교인들에게는 새로운 것을 가르치기 보다는 중요한 것을 가르쳐야 한다는 확신이 들었습니다. 교회에서 많이 듣는 이야기 중 하나가 '이거 해봤어요', '이거 저 다 알아요', '그 교육도 이미 옛날에 다 받았어요'입니다. 그래서 목회자들은 새로운 것에 대한 관심이 많습니다. 교회를 새롭게 하는 데 모든 열정을 다합니다. 새로운 찬양으로, 새로운 예배 스타일로, 교회의 모든 프로그램도 새롭게 하려고 합니다.

문제는 그러한 가운데 가장 중요한 것을 놓칠 때가 있다는 것입니다.

사도신경은 교인들이 꼭 알아야 할 가장 중요한 기독교 교리입니다. 교회는 새로운 것도 좋지만, 가장 중요한 것을 잡아야 합니다. 그래서 반드시 사도신경 교리 교육과 설교가 필요합니다. 가장 중요하기 때문입니다.

세 번째로는 구관이 명관이라는 말이 생각났습니다. 이 속담은 '무슨 일이든 경험이 많거나 익숙한 이가 더 잘하는 법'을 일컫는 비유입니다. 그래서 보통 옛날 것이 더 좋을 때 이 속담을 사용하죠. 저는 사도신경 설교를 하면서 왜 기독교 역사 속에서 그렇게 많은 신앙의 선조들이 사도신경에 집중했는지, 그리고 신조에 실었는지 그 이유를 알게 되었습니다.

이단과 정통의 차이가 무엇입니까? 성경에서 말하고 있는 기독교 기본 교리가 역사적으로 계속 지속될 때 우리는 그것을 '정통'이라고 합니다. 이단은 이 정통에서 벗어나 새로운 교리를 창조합니다. 사도신경은 구관일 수 있습니다. 하지만 명관입니다. 교회가 지금부터라도 사도신경을 제대로 가르친다면, 교인들이 이단에 빠질 위험은 많이 줄어들 것입니다. 사도신경의 말씀으로만 제대로 돌아간다면 교회는 잘 지켜질 것이고, 성도들의 믿음은 탄탄해질 것으로 확신합니다.

마지막으로 사도신경 강해를 모두 마친 소감을 이렇게 밝힙니다. 저는 진짜 보물을 발견했습니다. 우리 신앙의 최고의 보물은 사도신경입니다.

이정현

● 주

1 낸시 드모스 월게머스, 『하나님이 다스리시니』, 구지원 옮김, 생명의말씀사(2025), p.99.
2 이어령, 『이어령의 마지막 수업』, 열림원(2021), p.286.
3 박완서, 『한 말씀만 하소서』, 세계사(2024), pp.15-16.

● 참고 도서

김승욱, 『나는 믿습니다』, 규장(2015).
데이비드 웰스, 『기독론』, 부흥과개혁사(2015).
루이스 벌코프, 『조직신학』, 크리스천다이제스트(2012).
목회데이터연구소 외, 『한국 교회 진단 리포트』, 두란노(2025).
손재익, 『사도신경, 12문장에 담긴 기독교 신앙』, 디다스코(2017).
양희송, 『가나안 성도, 교회 밖 신앙』, 포이에마(2014).
앨버트 몰러, 『오늘 나에게 왜 사도신경인가?』, 생명의말씀사(2019).
오리게네스, 『켈수스 반박』, 분도출판사(2024).
유진소, 『나는 믿는다』, 두란노(2022).
이승구, 『사도신경』, SFC출판부(2009).
이승장, 『부활이 있기에』, 홍성사(2025).
존 쉘비 스퐁, 『만들어진 예수 참 사람 예수』, 한국기독교연구소(2009).
채경락, 『삶에서 은혜 받는 사도신경』, 생명의양식(2018).

사명선언문

너희가 흠이 없고 순전하여……세상에서 그들 가운데 빛들로
나타내며 생명의 말씀을 밝혀 _ 빌 2:15-16

1. 생명을 담겠습니다
만드는 책에 주님 주신 생명을 담겠습니다.
그 책으로 복음을 선포하겠습니다.

2. 말씀을 밝히겠습니다
생명의 근본은 말씀입니다.
말씀을 밝혀 성도와 교회의 성장을 돕겠습니다.

3. 빛이 되겠습니다
시대와 영혼의 어두움을 밝혀 주님 앞으로 이끄는
빛이 되는 책을 만들겠습니다.

4. 순전히 행하겠습니다
책을 만들고 전하는 일과 경영하는 일에 부끄러움이 없는
정직함으로 행하겠습니다.

5. 끝까지 전파하겠습니다
모든 사람에게, 땅 끝까지, 주님 오시는 그날까지
복음을 전하는 사명을 다하겠습니다.

서점 안내

광화문점 서울시 종로구 새문안로 69 구세군회관 1층
02)737-2288 / 02)737-4623(F)

강남점 서울시 서초구 신반포로 177 반포쇼핑타운 3동 2층
02)595-1211 / 02)595-3549(F)

구로점 서울시 동작구 시흥대로 602, 3층 302호
02)858-8744 / 02)838-0653(F)

노원점 서울시 노원구 동일로 1366 삼봉빌딩 지하 1층
02)938-7979 / 02)3391-6169(F)

일산점 경기도 고양시 일산서구 중앙로 1391 레이크타운 지하 1층
031)916-8787 / 031)916-8788(F)

의정부점 경기도 의정부시 청사로47번길 12 성산타워 3층
031)845-0600 / 031)852-6930(F)

인터넷서점 www.lifebook.co.kr